Spanske smaker 2023
En reise gjennom autentisk spansk matlaging

Iben Jensen

INNHOLDSFORTEGNELSE

SNEGLER MED SKINKE OG NÍSCALOS 20
    INGREDIENSER 20
    UTDYPNING 20
    TRIKS 21

GRAVID BOLLER 23
    INGREDIENSER 23
    UTDYPNING 23
    TRIKS 23

FOIE GODT MED KARAMELISERT LØK 25
    INGREDIENSER 25
    UTDYPNING 25
    TRIKS 25

ANSJOV KOKA MED OLIVE OG DILLPATÉ 26
    INGREDIENSER 26
    UTDYPNING 26
    TRIKS 27

CHORICITOS I CIDER MED HONNING OG ROSmarin 28
    INGREDIENSER 28
    UTDYPNING 28
    TRIKS 28

PØLSE OG BACONGODER 29
    INGREDIENSER 29
    UTDYPNING 29
    TRIKS 29

GRILLET SOPP MED REKER OG CAYENNEOLJE OG BASILIKUM 31
    INGREDIENSER 31
    UTDYPNING 31
    TRIKS 31

PØLSE OG PÆREKROKETT 33
    INGREDIENSER 33
    UTDYPNING 33
    TRIKS 34

TORSK KROKETT 35
    INGREDIENSER 35
    UTDYPNING 35
    TRIKS 36

SNEGLER I SAUS 37
    INGREDIENSER 37
    UTDYPNING 37
    TRIKS 38

TUNFISKKITTER 39
    INGREDIENSER 39
    UTDYPNING 39
    TRIKS 40

HVITLØKSREKEKROKETT 42

INGREDIENSER.. 42

UTDYPNING 42

TRIKS 43

MOZZARELLA, KIRSEBÆR OG RUCULA OLJESPYD 44

INGREDIENSER.. 44

UTDYPNING 44

TRIKS 44

GILDAS 45

INGREDIENSER.. 45

UTDYPNING 45

TRIKS 45

HJEMMELAGET EMPANADADEIG 47

INGREDIENSER.. 47

UTDYPNING 47

TRIKS 48

KYLLINGKROKETT OG KOKT EGG 49

INGREDIENSER.. 49

UTDYPNING 49

TRIKS 50

KROKETT AV BLÅMOST OG VALNØTT 51

INGREDIENSER.. 51

UTDYPNING 51

TRIKS 51

SERRANO SKINKE KROKETT 53

INGREDIENSER.. 53

UTDYPNING 53

TRIKS 54
TORSKKAPER MED REKER 56
    INGREDIENSER 56
    UTDYPNING 56
    TRIKS 57
SVART OLIVE OG ITALIENSK TØRKET TOMAT FOCACCIA .. 58
    INGREDIENSER 58
    UTDYPNING 58
    TRIKS 59
MEXICAN GUACAMOLE 60
    INGREDIENSER 60
    UTDYPNING 60
    TRIKS 60
ADELAS OMELETT 61
    INGREDIENSER 61
    UTDYPNING 61
    TRIKS 62
MORTERUELO AV LA MANCHA 63
    INGREDIENSER 63
    UTDYPNING 63
    TRIKS 64
AIOLI POTETER 65
    INGREDIENSER 65
    UTDYPNING 65
    TRIKS 65
KYLLINGLEVERPOSEI 66

INGREDIENSER 66

UTDYPNING 66

TRIKS 67

KONTAKT PALMERITAS MED PESTO 68

INGREDIENSER 68

UTDYPNING 68

TRIKS 68

SERRANO SKINKEBRØD MED ROSINER 70

INGREDIENSER 70

UTDYPNING 70

TRIKS 70

KRYDTE POTETER 72

INGREDIENSER 72

UTDYPNING 72

TRIKS 73

TOAST AV ÅL, REKER OG MOZZARELLA 74

INGREDIENSER 74

UTDYPNING 74

TRIKS 75

KARAMELISERT PIQUILLO PEPPER 76

INGREDIENSER 76

UTDYPNING 76

TRIKS 76

QUICHE LORRAINE 77

INGREDIENSER 77

UTDYPNING 77

TRIKS 78
LØKBLOD 79
    INGREDIENSER 79
    UTDYPNING 79
    TRIKS 79
BJULLINGSPAIE I ESCABECHE 80
    INGREDIENSER 80
    UTDYPNING 80
    TRIKS 81
ANSJOSTOAST MED TOMATSYLTE 82
    INGREDIENSER 82
    UTDYPNING 82
    TRIKS 82
TOMATSORBET MED ANDESKIKE OG BASILIKUM 84
    INGREDIENSER 84
    UTDYPNING 84
    TRIKS 84
TIGRE 86
    INGREDIENSER 86
    UTDYPNING 86
    TRIKS 87
MARINERT ANSJOS OG STIKKET RØD PIPPER TOAST 88
    INGREDIENSER 88
    UTDYPNING 88
    TRIKS 89

SERRANO SKINKE TIMBAL FYLLT MED VÅRLØK, EPLE OG OST 90
    INGREDIENSER 90
    UTDYPNING 90
    TRIKS 91

SVAMP OG OSTEPATE 92
    INGREDIENSER 92
    UTDYPNING 92
    TRIKS 93

GRØNNSAKKSKYLLINGTOAST MED GRILLET ANANAS 94
    INGREDIENSER 94
    UTDYPNING 94
    TRIKS 95

LANDSSALAT 97
    INGREDIENSER 97
    UTDYPNING 97
    TRIKS 98

TYSK SALAT 99
    INGREDIENSER 99
    UTDYPNING 99
    TRIKS 99

RISALAT 101
    INGREDIENSER 101
    UTDYPNING 101
    TRIKS 101

BLANDET SALAT 103

- INGREDIENSER 103
- UTDYPNING 103
- TRIKS 104

VARM PIPIRRANA SALAT MED BLEKKSKIPPE 105
- INGREDIENSER 105
- UTDYPNING 105
- TRIKS 106

CAPRESESALAT 108
- INGREDIENSER 108
- UTDYPNING 108
- TRIKS 108

RUSSISK SALAT 109
- INGREDIENSER 109
- UTDYPNING 109
- TRIKS 109

HVIT BØNNESALAT MED BACON OG APPELSIN 111
- INGREDIENSER 111
- UTDYPNING 111
- TRIKS 111

KYLLINGTROMMER MED WHISKY 114
- INGREDIENSER 114
- UTDYPNING 114
- TRIKS 114

Stekt AND 115
- INGREDIENSER 115
- UTDYPNING 115

TRIKS 116
VILLAROY KYLLINGBRYST 117
    INGREDIENSER 117
    UTDYPNING 117
    TRIKS 118
KYLLINGBRYST MED SENNEPS OG SITRONSAUS 119
    INGREDIENSER 119
    UTDYPNING 119
    TRIKS 120
Stekt GAUNETTE MED PLOMMER OG SOPP 121
    INGREDIENSER 121
    UTDYPNING 121
    TRIKS 122
VILLAROY KYLLINGBRYST FYLLT MED KARAMELISERT PIQUILLO MED MODENA Eddik 123
    INGREDIENSER 123
    UTDYPNING 123
    TRIKS 124
KYLLINGBRYST FYLLT MED BACON, SVAMP OG OST 125
    INGREDIENSER 125
    UTDYPNING 125
    TRIKS 126
SØT VINKYLLING MED PLOMMER 127
    INGREDIENSER 127
    UTDYPNING 127
    TRIKS 128

ORANSJE KYLLINGBRYST MED CASHEWNØTTER 129

    INGREDIENSER 129

    UTDYPNING 129

    TRIKS 129

SYLTET RØP 131

    INGREDIENSER 131

    UTDYPNING 131

    TRIKS 132

CACCIATORE KYLLING 133

    INGREDIENSER 133

    UTDYPNING 133

    TRIKS 134

COCA COLA STIL KYLLINGVINGER 135

    INGREDIENSER 135

    UTDYPNING 135

    TRIKS 135

HVITLØKSKYLLING 136

    INGREDIENSER 136

    UTDYPNING 136

    TRIKS 137

KYLLING AL CHILINDRON 138

    INGREDIENSER 138

    UTDYPNING 138

    TRIKS 139

SYLTET VEKTEL OG RØDE FRUKTER 140

    INGREDIENSER 140

UTDYPNING 140

TRIKS 141

SIMONKYLLING 142

INGREDIENSER 142

UTDYPNING 142

TRIKS 143

SAN JACOBO KYLLING MED SERRANO SKINKE, TORTA DEL CASAR OG ARUCULA 144

INGREDIENSER 144

UTDYPNING 144

TRIKS 144

BAKT KYLLINGKARRI 146

INGREDIENSER 146

UTDYPNING 146

TRIKS 146

KYLLING I RØDVIN 147

INGREDIENSER 147

UTDYPNING 147

TRIKS 148

STEKT KYLLING MED SVART ØL 149

INGREDIENSER 149

UTDYPNING 149

TRIKS 149

SJOKOLADEGÅP 151

INGREDIENSER 151

UTDYPNING 151

TRIKS.. 152
Stekt kalkunfjerte med rød fruktsaus.. 153
    INGREDIENSER.. 153
    UTDYPNING.. 153
    TRIKS... 154
STEKT KYLLING MED FERSKENSAUS.. 155
    INGREDIENSER.. 155
    UTDYPNING.. 155
    TRIKS... 156
KYLLINGFILET FYLLT MED SPINAAT OG MOZARELLA 157
    INGREDIENSER.. 157
    UTDYPNING.. 157
    TRIKS... 157
STEKT KYLLING I CAVA 159
    INGREDIENSER.. 159
    UTDYPNING.. 159
    TRIKS... 159
KYLLINGSPYDD MED PEANØTTSAUS.. 160
    INGREDIENSER.. 160
    UTDYPNING.. 160
    TRIKS... 161
KYLLING I PEPITORIA 162
    INGREDIENSER.. 162
    UTDYPNING.. 162
    TRIKS... 163
ORANSJE KYLLING.. 164

INGREDIENSER 164

UTDYPNING 164

TRIKS 165

STEVET KYLLING MED BOLETUS 166

INGREDIENSER 166

UTDYPNING 166

TRIKS 167

SURERT KYLLING MED NØTTER OG SOYA 168

INGREDIENSER 168

UTDYPNING 168

TRIKS 169

SJOKOLADEKYLLING MED RISTET ALMEDRAS 170

INGREDIENSER 170

UTDYPNING 170

TRIKS 171

LAMMESPYD MED PAPRIKA OG SENNEPSVINAIGRETTE 172

INGREDIENSER 172

UTDYPNING 172

TRIKS 173

FYLLT KALVFINNE MED PORTVIN 174

INGREDIENSER 174

UTDYPNING 174

TRIKS 175

KJØTTBALLER TIL MADRILEÑA 176

INGREDIENSER 176

UTDYPNING 176

TRIKS 177
OKSEKINN MED SJOKOLADE 178
    INGREDIENSER 178
    UTDYPNING 178
    TRIKS 179
PIERKE AV GRISEKONFIT MED SØT VINSUS 180
    INGREDIENSER 180
    UTDYPNING 180
    TRIKS 181
KANIN TIL MARC 182
    INGREDIENSER 182
    UTDYPNING 182
    TRIKS 183
KJØTTBALLER I PEPITORIA HASSELNØTTSAUS 184
    INGREDIENSER 184
    UTDYPNING 184
    TRIKS 185
KALVØL MED SVART ØL 186
    INGREDIENSER 186
    UTDYPNING 186
    TRIKS 187
TRIPES A LA MADRILEÑA 188
    INGREDIENSER 188
    UTDYPNING 188
    TRIKS 189
Stekt SVINELAM MED EPLE OG MYNTE 190

- INGREDIENSER 190
- UTDYPNING 190
- TRIKS 191
- KYLLINGKJØTTBALLER MED BRINGEBÆRSAUS 192
  - INGREDIENSER 192
  - UTDYPNING 193
  - TRIKS 193
- LAMMESTUING 194
  - INGREDIENSER 194
  - UTDYPNING 194
  - TRIKS 195
- HARE CIVET 196
  - INGREDIENSER 196
  - UTDYPNING 196
  - TRIKS 197
- KANIN MED PIPERRADA 198
  - INGREDIENSER 198
  - UTDYPNING 198
  - TRIKS 199
- KYLLINGKJØTTBALLER FYLLET MED OST MED KARRISUS 200
  - INGREDIENSER 200
  - UTDYPNING 201
  - TRIKS 201
- SVINEKINN I RØDVIN 202
  - INGREDIENSER 202
  - UTDYPNING 202

TRIKS 203

SVINESILK NAVARRE 204

    INGREDIENSER 204

    UTDYPNING 204

    TRIKS 204

STEVET BØFF MED PEANØTTSAUS 206

    INGREDIENSER 206

    UTDYPNING 206

    TRIKS 207

STEKT GRIS 208

    INGREDIENSER 208

    UTDYPNING 208

    TRIKS 208

Stekt KNØKE MED KÅL 209

    INGREDIENSER 209

    UTDYPNING 209

    TRIKS 209

KANINKAKKIATOR 210

    INGREDIENSER 210

    UTDYPNING 210

    TRIKS 211

SNEGLER MED SKINKE OG NÍSCALOS

INGREDIENSER

500 g snegler

500 g kantareller

200 g serranoskinke i terninger

200 ml tomatsaus

1 glass hvitvin

1 ss choricero peppermasse

1 ts hakket fersk persille

1 laurbærblad

2 fedd hvitløk

1 vårløk

1 kajennepeper

UTDYPNING

Rens sneglene med kaldt vann og salt til de slutter å slippe slim.

Legg de i kaldt vann med salt og tell 8 min fra de begynner å koke.

Finhakk vårløk og hvitløk. Stek på svak varme sammen med skinken. Tilsett kantarellene kuttet i biter og fres over høy varme i 2 min.

Bad med vinen og la den redusere. Tilsett fruktkjøttet av chorizo-pepper, tomat og chili. Tilsett til slutt sneglene og laurbærbladet, og stek i ca. 10 minutter. Avslutt med hakket persille.

TRIKS

Det er ikke nødvendig å tilsette salt når som helst, siden sneglene har en sterk smak og skinken allerede er salt.

GRAVID BOLLER

INGREDIENSER

500 g sterkt mel

75 g smør

25 g presset gjær

2 pølser

1 helt egg

1 eggeplomme

1 teskje sukker

Salt

UTDYPNING

Lag en vulkan med siktet mel. I midten legger du det mykede smøret, egget, sukkeret, gjæren, 1 glass varmt vann og salt.

Elt til en homogen masse er oppnådd. La gjære i 40 min nær en varmekilde.

Form mellomstore kuler og legg et stykke chorizo inni. Lukk godt, mal med eggeplommen og stek ved 210 °C i 15 min.

TRIKS

For at deigen skal gjære raskere, kan den oppbevares i en leirgryte med vann og bakes ved 50 °C i 30 min. Det må dekkes godt til.

FOIE GODT MED KARAMELISERT LØK

INGREDIENSER

4 **ark mursteinspasta**

8 **små terninger foie**

2 **ss smør**

Karamellisert løk (se avsnittet om grønnsaker)

Salt og pepper

UTDYPNING

Skjær mursteinsplatene i 16 rektangler. Mal hver og en med det smeltede smøret og sett dem sammen ved å legge resten av lagene oppå dem.

Legg krydret foie på dem og lukk i form av karamell. Pensle igjen med egg og stek ved 200 ºC til de er lett gylne på utsiden. Ha med karamellisert løk.

TRIKS

I stedet for å bake dem, kan de stekes, men vær forsiktig fordi mursteinspastaen ikke skal brunes for mye.

ANSJOV KOKA MED OLIVE OG DILLPATÉ

INGREDIENSER

250 g mel

25 g valnøtter

15 g fersk gjær

125 ml lunkent vann

12 hermetiske ansjoser

1 liten boks oliven med urter

1 ts dill

1 fedd hvitløk

125 ml olivenolje

UTDYPNING

Sikt melet i en bolle. Løs opp gjæren separat i det varme vannet.

Lag en vulkan med melet og hell oljen og vannet med den oppløste gjæren i. Elt til det ikke fester seg til hendene (tilsett eventuelt mer mel). La den hvile tildekket i 30 min.

I mellomtiden knuser du oliven med hvitløksfedd, valnøttene og dillen. Tilsett litt olivenolje og reserver.

Strekk deigen med en kjevle og form vanlige rektangler ½ cm tykke. Legg bakepapir på en stekeplate og stek ved 175 ºC i 10 min.

Ta colaen ut av ovnen, fordel den med olivenposteien og legg ansjosen oppå.

TRIKS
Ansjos kan erstatte røkt torsk. En fryd.

CHORICITOS I CIDER MED HONNING OG ROSmarin

INGREDIENSER

750 ml cider

150 g honning

16 pølser

1 kvist rosmarin

UTDYPNING

Kok chorizos, cider, honning og rosmarin på lav varme i 30 minutter eller til cideren er halvert.

TRIKS

For å få enda mer smak, la chorizoene hvile i cideren i 24 timer.

PØLSE OG BACONGODER

INGREDIENSER

10 **røkte pølser**

10 **skiver bacon**

10 **skiver brødskiver**

1 **egg**

UTDYPNING

Fjern kantene på brødskivene. Strekk dem med en kjevle til de er veldig tynne og del dem i to.

Fjern kantene på pølsene (du kan la dem stå, det er for estetikk) og skjær dem i to halvdeler. Skjær også baconskivene.

Mal skiven med egg over hele overflaten og legg en baconskive og pass på at den ikke skiller seg ut. Legg pølsen på den ene enden av brødet og pakk inn til den når den andre enden. Trykk godt så det fester seg og stek på 175ºC til brødet er sprøtt.

TRIKS

Minigodteri kan lages med små cocktailpølser. Det viktige er å spise dem umiddelbart så de ikke blir kalde.

GRILLET SOPP MED REKER OG CAYENNEOLJE OG BASILIKUM

INGREDIENSER

250 **g sopp**

250 **g skrellede reker**

12 **friske basilikumblader**

3 **fedd hvitløk**

1 **kajennepeper**

Oliven olje

Salt

UTDYPNING

Fjern stilken fra soppen, skrell og rens den, og finhakk hvitløken.

Brun soppen i en varm stekepanne sammen med hvitløken (først opp ned) i 2 minutter på hver side. Ta ut. Brun rekene lett i samme olje.

Fra hverandre, knus basilikum og cayenne med litt olje.

Monter rekene på toppen av soppen og smak til med salt. Smak til med basilikumoljen.

TRIKS

De kan også stekes i 5 minutter ved 210 °C og avsluttes med en skive Manchego-ost.

PØLSE OG PÆREKROKETT

INGREDIENSER

200 g blodpudding

120 g smør

120 g mel

1 liter melk

2 konferansepærer

Mel, egg og brødsmuler (til belegg)

Muskat

Oliven olje

Salt og pepper

UTDYPNING

Skrell, skjær i små biter og kjerne løs pærene. Reservere.

Brun blodpuddingen i litt olje til den smuldrer. Tilsett pærene og stek i 2 min.

Smelt smøret i samme panne, tilsett melet og kok på svak varme i 10 min. Tilsett melken på en gang og kok i ytterligere 45 minutter under konstant omrøring. Smak til med salt, pepper og muskat.

Legg deigen på et brett og la avkjøles helt. Del opp i ønskede porsjoner og form dem. Dypp dem i mel, egg og brødsmuler, og stek i rikelig med olje.

TRIKS

Når krokettene er panert kan de fryses. Det eneste du må gjøre før du steker dem er å føre dem gjennom brødsmuler igjen.

TORSK KROKETT

INGREDIENSER

200 g avsaltet torsk

120 g smør

120 g mel

1 liter melk

Mel, egg og brødsmuler (til belegg)

Muskat

Oliven olje

Salt og pepper

UTDYPNING

Kok torsken i melken i 5 min på svak varme. Sil, behold melken og riv torsken i små biter.

Smelt smøret i en panne, tilsett melet og kok på lav varme i 10 min.

Tilsett melken på en gang og rør hele tiden, kok på lav varme i ytterligere 40 minutter. Tilsett torsken og kok ytterligere 5 min. Salt og pepper og tilsett litt muskatnøtt.

Legg deigen på et brett og la avkjøles helt. Del opp i ønskede porsjoner og form dem. Dypp dem i mel, egg og brødsmuler og stek i rikelig med olje.

TRIKS

Vær forsiktig med saltpunktet, siden torsken har mye.

SNEGLER I SAUS

INGREDIENSER

1 kg snegler

50 g serranoskinke kuttet i små biter

2 store tomater

2 små hvitløksfedd

1 laurbærblad

1 stor løk

1 kajennepeper

Sukker

Oliven olje

Salt

UTDYPNING

Rens sneglene med vann og salt i 5 min. Tøm og gjenta operasjonen 3 ganger.

Kok sneglene i kaldt vann og la dem renne av ved første oppkok. Gjenta operasjonen 3 ganger.

Kok sneglene i 20 min med et laurbærblad.

Skjær løk, kajennepepper og hvitløk i små biter. Stek alt i en gryte på svak varme sammen med skinken. Tilsett de revne tomatene og kok på middels varme til tomaten mister alt vannet. Rett opp salt og sukker om nødvendig.

Tilsett sneglene og kok i 5 min på svak varme.

TRIKS

Det er veldig viktig å rense sneglene. Ellers vil dårlige smaker dukke opp.

TUNFISKKITTER

INGREDIENSER

200 **g mel**

100 **g tunfisk i olje**

½ **dl hvitvin**

3 **ss tomatsaus**

1 **liten grønn paprika**

1 **liten vårløk**

1 **kokt egg**

½ **dl olivenolje**

Salt

UTDYPNING

Lag en vulkan med siktet mel og hell vin, olje og salt inni. Elt til du får en homogen masse og la den stå i kjøleskapet i 20 minutter.

I mellomtiden skjærer du vårløk og pepper i små biter. Stek dem over svak varme i 10 minutter og tilsett tomatsausen, det knuste egget i biter og smuldret tunfisk. Kok i 2 minutter til og behold til deigen avkjøles.

Deretter ruller du den tynt ut på en melet overflate så den ikke fester seg og gir den en rund form. Fyll hver patty med en spiseskje av tunfisken. Fukt kantene, lukk og trykk med en gaffel til de er godt forseglet.

Stek i rikelig olje og renn av på absorberende papir.

TRIKS

For å redusere kalorier, stek ved 190°C til den er gyldenbrun.

HVITLØKSREKEKROKETT

INGREDIENSER

200 **g reker**

120 **g smør**

120 **g mel**

1 **liter melk**

2 **fedd hvitløk**

Mel, egg og brødsmuler (til belegg)

Muskat

Oliven olje

Salt og pepper

UTDYPNING

Surr hvitløken i terninger sammen med smøret i en kjele på svak varme i 5 min.

Skrell rekene og hakk dem. Legg dem i pannen og stek i 30 sekunder. Tilsett melet og fortsett å surre på lav varme i 10 minutter til.

Tilsett melken på en gang og under konstant omrøring, kok i ytterligere 45 min. Smak til med salt, pepper og muskat.

Legg deigen på et brett og la avkjøles helt. Del opp i ønskede porsjoner og form dem. Dypp dem i mel, egg og brødsmuler, og stek i rikelig med olje.

TRIKS

Melk kan erstattes med en god buljong laget av hoder og skrotter av rekene.

MOZZARELLA, KIRSEBÆR OG RUCULA OLJESPYD

INGREDIENSER

16 **mozzarellakuler**

16 **cherrytomater**

1 **liten håndfull fersk ruccola**

1 **ss hakkede valnøtter**

Oliven olje

UTDYPNING

Kok opp vann, tilsett tomatene og kok dem i 30 sekunder. Fjern og avkjøl i vann og is.

Skrell kirsebærene og sett sammen spydene med dem og osten.

Bland ruccola og valnøttene i litt olje og server denne sausen på spydene.

TRIKS

Ved blanchering skreller tomatene veldig lett og teksturen blir veldig fin og mør.

GILDAS

INGREDIENSER

16 **utpitte sorte oliven**

16 **chili**

16 **ansjoser**

8 **piquillo paprika**

UTDYPNING

Forbered seksten spyd med oliven, chili, ansjos og piquillo-pepper.

TRIKS

Dette er en veldig typisk forrett i Baskerland. De beste chiliene er de fra byene Guipúzcoa, og de beste ansjosene, de fra Santoña.

HJEMMELAGET EMPANADADEIG

INGREDIENSER

1 **glass vin**

1 **glass melk**

2 **eggeplommer**

Mel

1 **glass olivenolje eller solsikkeolje**

Salt

UTDYPNING

Pisk alle væskene og saltet med noen stenger. Tilsett mel gradvis til deigen ikke lenger fester seg til hendene. Del deigen i to halvdeler og kjevle ut begge med en kjevle til de er veldig tynne.

Kle et brett med bakepapir og legg ett av deiglagene på det. Prikk overflaten med en gaffel og fyll med det du ønsker (som må være kaldt).

Legg det andre deiglaget oppå, prikk også med en gaffel og skjær et snitt i midten slik at dampene kommer ut. Lukk kantene og mal med de piskede eggeplommene.

Forvarm ovnen til 190°C og stek i 25 minutter eller til overflaten er gyldenbrun.

TRIKS

Alle typer vin kan brukes: hvit, rød, søt, etc. Krydder som en god paprika kan også flettes inn i deigen.

KYLLINGKROKETT OG KOKT EGG

INGREDIENSER

120 **g smør**

120 **g mel**

1 **liter melk**

1 **kyllingbryst**

2 **hardkokte egg**

Mel, egg og brødsmuler (til belegg)

Muskat

Oliven olje

Salt og pepper

UTDYPNING

Stek brystet i 12 min, avkjøl og skjær i små biter.

Smelt smøret i en panne, tilsett melet og kok på lav varme i 10 min. Tilsett melken på en gang og rør hele tiden, kok i ytterligere 40 min. Tilsett de hakkede kokte eggene og kyllingen. Fortsett å koke ytterligere 5 min.

Smak til med salt, pepper og muskat.

Legg deigen på et brett og la avkjøles helt. Del opp i ønskede porsjoner og form dem. Dypp dem i mel, egg og brødsmuler og stek i rikelig med olje.

TRIKS

Du kan erstatte en del av melken med buljongen fra tilberedningen av kyllingen.

KROKETT AV BLÅMOST OG VALNØTT

INGREDIENSER

120 g smør

120 g mel

100 g blåmuggost

1 liter melk

1 håndfull delte valnøtter

Mel, egg og brødsmuler (til belegg)

Muskat

Oliven olje

Salt og pepper

UTDYPNING

Smelt smøret i en panne, tilsett melet og kok på lav varme i 10 min. Tilsett melk og ost på en gang og rør hele tiden, kok på svak varme i ytterligere 45 minutter. Smak til med salt, pepper og muskat.

Legg deigen på et brett og la avkjøles helt. Del opp i ønskede porsjoner og form dem. Legg en kvart valnøtt i hver krokett. Dypp dem i mel, egg og brødsmuler og stek i rikelig med olje.

TRIKS

Smak på deigen av krokettene før du tilsetter salt, siden osten gir mye salt.

SERRANO SKINKE KROKETT

INGREDIENSER

130 g smør

120 g serranoskinke

120 g mel

1 liter melk

Mel, egg og brødsmuler (til belegg)

Muskat

Oliven olje

Salt og pepper

UTDYPNING

Finhakk serranoskinken og stek den sammen med smøret i 5 min på svak varme. Tilsett melet og kok ytterligere 10 minutter uten å slutte å røre.

Tilsett melken og kok i ytterligere 45 min. Fortsett å røre. Smak til med salt, pepper og muskat. Når en homogen masse er oppnådd, la den avkjøles.

Del deigen i ønskede porsjoner og lag kroketter. Mel, før dem gjennom egget og brødsmulene, og stek i rikelig med olje.

TRIKS

Det er å foretrekke å forme krokettene dagen etter at deigen er laget. Dette forhindrer at de går i stykker ved steking.

TORSKKAPER MED REKER

INGREDIENSER

200 g mel
150 g avsaltet torsk
75 g skrellede reker
½ dl portvin
3 ss tomatsaus
1 ss rosiner
1 ts varm paprika
1 liten grønn paprika
1 liten vårløk
Oliven olje
Salt

UTDYPNING

Lag en vulkan med siktet mel og tilsett portvin, ½ dl olje, paprika og salt inni. Elt til du får en homogen masse og la den stå i kjøleskapet i 20 minutter.

I mellomtiden skjærer du vårløk og pepper i små biter. Stek på lav varme i 10 min. Hev varmen og tilsett deretter smuldret torsk og rekene. Kok i 1 minutt til og tilsett nå tomatsaus, rosiner og saut i ytterligere 2 minutter. Behold til avkjøling.

Kjevle ut deigen på melet overflate til den er veldig tynn og gi den en rund form. Ha 1 ss av torskefyllet. Fukt kantene, lukk og trykk med en gaffel til de er godt forseglet.

Stek i rikelig olje og renn av på absorberende papir.

TRIKS

Du må fylle deigen når den er kald. Ellers blir den for våt og blir ikke sprø eller gyllenbrun.

SVART OLIVE OG ITALIENSK TØRKET TOMAT FOCACCIA

INGREDIENSER

250 g sterkt hvitt mel

200 g tørkede tomater

25 g fersk gjær

125 ml lunkent vann

15 sorte oliven

1 teskje sukker

1 ts mel

Timian

Oliven olje

Salt

UTDYPNING

Bland gjæren med sukkeret i en liten bolle. Tilsett 1 ts mel og en skvett lunkent vann. Bland godt og la det gjære i ca 10 min.

Bland i en annen bolle mel, 1 ts salt og 2 ss olje. Tilsett den fermenterte gjæren og tilsett litt etter litt resten av vannet til du får en deig som renner av hendene. Dekk til med et klede og la det doble volumet i ca 1 time.

Strekk deigen med en kjevle og legg den på et stekebrett. Marker hele overflaten med fingrene og fordel tomater, oliven og timian på toppen. Drypp med olivenolje og la den gjære igjen i ytterligere 30 minutter til doblet volum.

Forvarm ovnen til 200 ºC og stek focacciaen i 20 min. Når du er ute av ovnen, drypp med en klatt jomfruolivenolje og server varm.

TRIKS

Nesten hvilken som helst ingrediens kan legges til focacciaen fordi den er deilig med alt. Det viktige er at gjæringen gjøres på et varmt sted.

MEXICAN GUACAMOLE

INGREDIENSER

2 **modne avokadoer**

1 **tomat**

1 **vårløk**

1 **ss sitron- eller limejuice**

½ **ts malt spisskummen**

Tabasco

3 **ss olivenolje**

UTDYPNING

Finhakk avokado, vårløk og tomat. Ha alt i en bolle og tilsett spisskummen, sitronsaft, olje og noen dråper tabasco.

Knus med en gaffel til du får en homogen krem men med biter.

TRIKS

For å unngå at guacamole oksiderer, oppbevar den tildekket i kjøleskapet med avokadogropene inni.

ADELAS OMELETT

INGREDIENSER

800 **g poteter til steking**

7 **store egg**

3 **pølser**

virgin olivenolje

Salt

UTDYPNING

Skrell potetene og skjær dem på langs i fire, og disse igjen i tynne skiver.

Varm oljen over middels varme og tilsett potetene. Stek til nesten myk. Tilsett chorizoen i små biter og fortsett å steke til potetene er lett gylne.

Pisk eggene og smak til med salt. Tøm potetene og chorizoene godt, og legg dem i de sammenpiskede eggene. Rett opp salt.

Varm en stekepanne godt og ha i 3 ss olje fra steking av potetene. Hell blandingen av egg og poteter i pannen, rør i 15 s over høy varme og snu den med en tallerken.

Varm opp pannen og ha 2 ss olje for å steke potetene. Tilsett tortillaen og brun over høy varme i ytterligere 15 sekunder.

TRIKS

For å unngå at tortillaen fester seg til pannen, må den varmes godt opp før du tilsetter oljen og tortillaen.

MORTERUELO AV LA MANCHA

INGREDIENSER

1 **rapphøne**

½ **hare**

¼ **høne**

300 **g bacon**

250 **g serranoskinke**

250 **g svinelever**

100 **g brødsmuler**

1 **ts paprika**

1 **malt nellikspiss**

1 **kanelstang**

Oliven olje

Salt og pepper

UTDYPNING

Stek alt kjøttet med salt i en dekket kjele i 3 timer. Sil og ta vare på kokebuljongen.

Smuldre kjøttet og fjern bein og skinn. Finhakk og stek i en stråle olje i 5 sekunder.

Tilsett 1 glass av kokebuljongen, brødsmulene, krydderne, salt, pepper og kjøttet. Kok over lav varme i 20 min uten å slutte å røre (tilsett mer buljong hvis den hadde blitt spist). Smak til med salt og pepper, og server varm.

TRIKS

Kjøttet må tilberedes fra kaldt vann og alle urenheter som kommer frem ved første byll må fjernes.

AIOLI POTETER

INGREDIENSER

500 **g poteter**

6 **fedd hvitløk**

Eddik

½ **l lett olivenolje**

Salt

UTDYPNING

Knus hvitløken med salt i en morter til du får en pasta. Tilsett gradvis oljen mens du rører med stampen til du har en tykk saus. Rett opp med en skvett eddik.

Skrell og skjær potetene i vanlige mellomstore biter og kok dem i kaldt saltet vann til de er myke. Fjern dem og la dem avkjøles. Salt potetene og bland med aiolien.

TRIKS

Hvis en eggeplomme tilsettes under hvitløksmosen, blir det lettere å lage sausen. Og hvis du legger til noen finhakkede basilikumblader, blir smaken utrolig.

KYLLINGLEVERPOSEI

INGREDIENSER

1 kg kyllinglever

500 g løk

200 g røkt bacon

60 g smør

1 glass konjakk

1 glass rødvin

6 egg

1 laurbærblad

1 kvist timian

Mel

Oliven olje

Salt og pepper

UTDYPNING

Rengjør leverene perfekt i vann. Surr løken og baconet på middels varme i 10 min.

Hev varmen og tilsett lever, urter, vin og konjakk. Kok til alkoholene er nesten fullstendig redusert. Fjern laurbærbladet og bland sammen med smeltet smør og eggene.

Smør og mel en form. Tilsett deigen og stek den bain-marie ved 175 ºC i 40 minutter eller til den kommer ren ut når den stikkes hull med en nål.

TRIKS

Juliana betyr å kutte i tynne strimler.

KONTAKT PALMERITAS MED PESTO

INGREDIENSER

50 g fersk basilikum

25 g pinjekjerner

25 g parmesan

1 ark butterdeig

Oliven olje

Salt

UTDYPNING

Pisk basilikum, pinjekjerner, parmesan og salt med litt olje til blandingen er tykk.

Kjevle ut butterdeigsplaten og fyll med pesto. Lukk fra sidene ved å rulle den samtidig til rullene møtes i midten. Oppbevar i kjøleskapet.

Forvarm ovnen til 200ºC. Skjær palmeritas og stek dem til de er gylne.

TRIKS

De kan fylles med blodpudding eller Yorkskinke og ost. Det er en perfekt forrett.

SERRANO SKINKEBRØD MED ROSINER

INGREDIENSER

500 g sterkt mel

150 g serranoskinke

100 g smør

50 g rosiner

20 g presset gjær

120 ml melk

1 skje sukker

1 egg

UTDYPNING

Tilsett sukker og gjær i den lunkne melken. La gjære i 15 min.

Lag en vulkan med melet og tilsett det smeltede smøret, egget og den forrige blandingen. Elt til du får en homogen deig og la den hvile i 1 time.

Kjevle ut deigen med en kjevle og legg skinke og rosiner på toppen. Rull sammen som om det var en sveitserrull og stek ved 180°C i 20 eller 25 min.

TRIKS

Den kan også fylles med laks, bacon og ost, tunfisk osv.

KRYDTE POTETER

INGREDIENSER

1 **kg poteter**

750 **g stekt tomat**

3 **ss eddik**

1 **lite glass hvitvin**

10 **chili (etter smak)**

10 **rå mandler**

5 **brødskiver**

3 **fedd hvitløk**

1 **løk**

Sukker

Oliven olje

Salt

UTDYPNING

Brun hele hvitløken i en panne. Trekk tilbake og reserver. I samme olje steker du mandlene og fjerner. Brun deretter brødet og sett av.

Fres den julienerte løken i samme olje sammen med chiliene. Når den er myk, bad med eddik og hvitvin. La det redusere i 3 min over høy varme og tilsett tomat, hvitløk, mandler og brød. Kok i 5 min, bland og smak eventuelt til med salt og sukker.

Skrell og skjær potetene i vanlige mellomstore biter. Kok i kaldt saltet vann til de er møre, men litt hel. Sil og la dem avkjøles.

Stek potetene i veldig varm olje til de er gyldne. Fjern overflødig olje på absorberende papir og drypp med brava saus.

TRIKS

Du kan hoppe over de allerede stekte potetene med litt bravasaus. Slik blir de godt impregnert.

TOAST AV ÅL, REKER OG MOZZARELLA

INGREDIENSER

8 **brødskiver**

125 **g babyål**

60 **g skrellede reker**

8 **skiver mozzarellaost**

4 **basilikumblader**

1 **stor tomat**

1 **fedd hvitløk**

1 **kajennepeper**

Oliven olje

UTDYPNING

rist brødet Brun hvitløk og kajennepepper lett i små biter, tilsett babyålene og fres i 2 min. Ha en klype salt.

Skrell, frø og kutt tomaten i små biter. Finhakk basilikumen.

Ha mozzarellaen på brødet, deretter babyålene og stek ved 190°C til osten er smeltet. Ta ut og legg tomat og hakket basilikum på toppen.

Avslutt med en klatt olje.

TRIKS

Du kan bytte ålene for noen hermetiske sardiner.

KARAMELISERT PIQUILLO PEPPER

INGREDIENSER

1 boks piquillo paprika

125 g Modena-eddik

65 g sukker

UTDYPNING

Kok eddik, sukker og paprika på lav varme i 35 min. La avkjøle til den er litt tykk i konsistensen. Hvis det ikke ser slik ut, kok ytterligere 5 min. Hvis den er for tykk, tilsett litt mer eddik og kok i 3 minutter til.

TRIKS

Det er et perfekt tilbehør til geitost.

QUICHE LORRAINE

INGREDIENSER

250 g mel

225 g gruyère eller parmesanost

225 g røkt bacon

125 g smør

¼ liter fløte

4 egg

Salt og pepper

UTDYPNING

Form en vulkan med melet og ha det mykede smøret, 2 egg og salt i midten. Bland godt og forsiktig og elt ingrediensene sakte. Oppbevar i kjøleskapet dekket med gjennomsiktig film.

Kjevle ut deigen med en kjevle til den er ½ cm tykk. Mel og smør en form. Kle denne med deigen, pass på at den ikke går i stykker. Prikk bunnen med en gaffel.

Pisk de andre 2 eggene hver for seg med fløte, salt og pepper. Tilsett bacon skåret i tynne strimler og revet ost. Hell det over formen.

Stek quichen ved 170 °C i 40 minutter eller til en nål som er satt inn i midten kommer helt ren ut.

TRIKS

Den kan tilberedes i små former og dermed lage utsøkte forretter.

LØKBLOD

INGREDIENSER

1 **kg blod**

1 **dl hvitvin**

1 **ss hakket persille**

1 **stor løk**

4 **tomater**

1 **kajennepeper**

Oliven olje

UTDYPNING

Surr cayennepepper og den finhakkede løken til den er myk. Tilsett de revne tomatene og kok til tomatvannet fordamper.

Hell blodet i terninger og bad med vinen. Kok i 15 minutter på lav varme og smak til med salt. Tilsett hakket persille og rør.

TRIKS

Du kan legge til et nellik og en kvist rosmarin under kokingen.

BJULLINGSPAIE I ESCABECHE

INGREDIENSER

750 g sterkt mel

4 bokser syltede blåskjell

1 flaske øl

1 ss paprika

2 fedd hvitløk

1 laurbærblad

1 grønn paprika

1 rød paprika

1 egg

1 løk

200 ml olivenolje

Salt

UTDYPNING

Lag en vulkan med melet og tilsett øl, paprika, olje og salt i midten. Elt til det ikke fester seg til hendene (hvis det er for tørt, tilsett litt mer øl og fortsett å elte. Hvis det motsatte skjer, tilsett litt mer mel). La stå tildekket i 30 min.

I mellomtiden finhakker du løk, paprika og hvitløk. Posjer over svak varme i ca 15 min. Tilsett laurbærbladet og tilsett de drenerte blåskjellene, rør og la avkjøle. Rett opp salt.

Del deigen i to halvdeler og kjevle dem ut med en kjevle. Legg bakepapir på et brett. Fordel fyllet på bunnen, og la det være igjen 2 cm på kantene. Lukk med lokket, forsegl kantene og lag et hull i midten. Pensle med sammenpisket egg og stek i 1 time eller til overflaten er gylden.

TRIKS

Du kan legge til hjertemuslinger, muslinger, blekksprut, etc. Hullet i midten er viktig da det lar dampen som produseres inni slippe ut og dermed blir deigen sprø.

ANSJOSTOAST MED TOMATSYLTE

INGREDIENSER

16 **ansjoser**

500 **g tomater**

100 **g sukker**

4 **brødskiver**

4 **basilikumblader**

1 **fedd**

½ **sitron**

pulverisert ingefær

Oliven olje

UTDYPNING

Skrell og frø tomaten. Skjær den i små biter, bland sammen med sukker, sitronskall, nellik og en klype ingefær.

Kok på lav varme i 15 minutter til en tykk saus gjenstår. Behold til kald.

Rist brødet i ovnen, på grillen eller i brødristeren. Smør med tomatsyltetøyet, legg 2 ansjoser på toppen og pynt med fersk basilikum.

TRIKS

Den kan også lages med tunfiskmage, med iberisk skinke og til og med med makrell.

TOMATSORBET MED ANDESKIKE OG BASILIKUM

INGREDIENSER

1 kg modne tomater
50 g andeskinke
50 ml kyllingbuljong
4 basilikumblader
½ fedd hvitløk
125 ml olivenolje
Salt og pepper

UTDYPNING

Vask tomatene og del dem i fire. Bland dem sammen med hvitløk, kyllingbuljong, basilikumblader og olje. Smak til med litt salt.

Pass gjennom en chinois og frys i 3 timer. Ta ut hvert 20. min og skrap alt med en gaffel.

Server i shots eller cocktailglass med andeskinken på toppen.

TRIKS

Du kan også legge til en skvett vodka.

TIGRE

INGREDIENSER

1 ½ kg ferske rene blåskjell med skallet

300 g av vannet fra koking av blåskjellene

300 g melk

250 g skrellede reker

1 glass hvitvin

3 dynkede spiseskjeer mel

1 liten kartong stekt tomat

3 fedd hvitløk

2 løk

1 rød paprika

½ hakket kajennepepper

Mel, egg og brødsmuler (til belegg)

Muskat

Oliven olje

Salt og pepper

UTDYPNING

Kok blåskjellene dekket i kaldt vann til de åpner seg. Ta dem ut av skallet og hakk. Sil av buljongen og ta vare på et av skjellene.

Skjær i små biter og posjer grønnsakene på svak varme uten å få farge. Tilsett de hakkede rekene, surr dem over høy varme i 3 min og bad med vinen. La det redusere og tilsett 4 ss tomat og hakket cayennepepper. Tilsett så blåskjellene og melet, og surr i 3 minutter til.

Bland blåskjellbuljongen med melken og tilsett den også. Rør hele tiden i 5 minutter til du får en jevn bechamelsaus. Rett opp salt, pepper og muskatnøtt. Når deigen er kald, fyll de reserverte skjellene, passer gjennom mel, egg og brødsmuler og stek i rikelig med olje.

TRIKS

Hvis den er belagt med smuldret frokostblanding, oppnås en mye knasende panering.

MARINERT ANSJOS OG STIKKET RØD PIPPER TOAST

INGREDIENSER

4 skiver ciabattabrød

500 g ansjos

250 g sukker

1 liten krukke med sorte oliven

1 rød paprika

Oliven olje

250 g grovt salt

UTDYPNING

Rens ansjosene, fjern bein, innvoller og hoder. Skille lendene og sjekk godt slik at det ikke er torner igjen.

Kombiner salt og sukker. Legg halvparten av bunnen på et brett, fordel ansjosen over denne blandingen og dekk med resten. La avkjøles i kjøleskapet i 1 time.

I mellomtiden baker du paprikaen ved 160 ºC i ca. 1 time. La avkjøles, skrell og skjær i tynne strimler.

Fjern ansjosene fra saltet og rengjør dem under rennende vann.

Rist brødene og sett sammen pepperstrimmelen og ansjosen på toppen. Knus olivenene med urter med litt olje og saus på toppen.

TRIKS

Du kan lage samme oppskrift med sardiner.

SERRANO SKINKE TIMBAL FYLLT MED VÅRLØK, EPLE OG OST

INGREDIENSER

4 **skiver serranoskinke**

¼ **surt eple** (intens grønt, bestemor...)

4 **ss sukker**

2 **ts ingefær og kanel**

1 **ts malt nellik**

1 **liten balje ferskost av typen Philadelphia**

1 **liten rull geitost**

1 **liten vårløk**

1 **boks knust tomat**

UTDYPNING

Kok opp knust tomat, sukker, ingefær og kanel og det malte nellik. Smak til og rett opp sukker og krydder om nødvendig. Reserver dette syltetøyet i 25 min.

I mellomtiden, kle et glass med gjennomsiktig film, og dette, i sin tur, kle det med Serrano-skinkeskivene.

Hakk eple og vårløk i fine biter, og bland med geitosten og ferskosten. Fyll serranoskinken med denne blandingen. Lukk med gjennomsiktig film, lag en ball og hold kaldt.

Når du er klar til servering, fjerner du papiret og griller på alle sider. Følg med kald syltetøy.

TRIKS

Det er en forrett eller forrett som vil overraske enhver gjest. Det er deilig varmt, friskt fra takken.

SVAMP OG OSTEPATE

INGREDIENSER

400 g sopp

70 g geitost

40 g smør

½ glass kremfløte

1 ts mel

1 ts konjakk

2 eggeplommer

1 løk

Finhakket gressløk eller persille

UTDYPNING

Finhakk soppen og løken, og surr dem til vannet er helt oppbrukt.

Pisk eggeplommene med fløte, mel, konjakk og gressløk med noen stenger. Tilsett sautert sopp og løk og fortsett å piske. Varm opp og kok opp.

Deretter, når du er av varmen, tilsett osten og kok til den er smeltet. Oppbevar i former og oppbevar i kjøleskapet i minst 2 timer.

TRIKS

Valnøtter eller pistasjnøtter kan legges til pateen. De vil gi en uslåelig smak og crunchiness.

GRØNNSAKKSKYLLINGTOAST MED GRILLET ANANAS

INGREDIENSER

8 **brødskiver**

40 g **forskjellige salater**

40 g **Manchego-ost** i terninger

1 **lite kyllingbryst**

4 **ss rosa saus** (se seksjonen buljonger og sauser)

2 **skiver ananas i sirup**

2 **syltede cornichons**

1 **kokt egg**

Oliven olje

UTDYPNING

Stek brystene i 12 min. Avkjøl og skjær i tynne strimler.

Brun ananasen på begge sider med litt olje. Reserver og hakk fint.

Hakk egget og agurkene og bland resten av ingrediensene med den rosa sausen.

Rist brødet og dekk med fyllet.

TRIKS

Den kan også lages med biter av kokt skinke og til og med med hermetisk tunfisk.

LANDSSALAT

INGREDIENSER

4 **store poteter**

150 **g hermetisk tunfisk**

20 **oliven**

4 **kokte egg**

4 **tomater**

2 **agurker**

2 **grønne paprika**

1 **stor løk**

Eddik

Oliven olje

Salt

UTDYPNING

Skrell og skjær potetene i mellomstore biter. Kok dem i kaldt vann med salt på middels varme til de er ferdige. Sil og frisk opp.

Vask og skjær grønnsakene i vanlige biter. Lag en vinaigrette med 3 deler olje til 1 del eddik, og smak til med litt salt.

Bland alle ingrediensene i en bolle og pynt med vinaigretten.

TRIKS

Du kan sautere 1 ss søt paprika i oljen i 5 sekunder. La det så avkjøles og bland med vinaigretten.

TYSK SALAT

INGREDIENSER

1 **kg poteter**

75 **g agurk i eddik**

8 **ss majones**

4 **ss sennep**

8 **pølser**

1 **vårløk**

1 **eple**

Salt og pepper

UTDYPNING

Skrell potetene, skjær dem i biter og kok dem i vann. La avkjøles.

Skjær vårløk og eple i små biter, og skjær opp pølser og agurk.

Bland majones og sennep i en bolle, og tilsett resten av ingrediensene. Krydre etter smak.

TRIKS

Det er en veldig komplett oppskrift, siden den har grønnsaker, frukt og kjøtt. Det kan også gjøres med en søt sennep.

RISALAT

INGREDIENSER

200 **g ris**

150 **g Yorkskinke**

35 **g oliven med hull**

6 **kapers**

3 **syltede cornichons**

1 **liten vårløk**

1 **liten tomat**

1 **grønn paprika**

Rosa saus (se seksjonen buljonger og sauser)

UTDYPNING

Kok risen, sil, frisk opp og hold kaldt.

Finhakk vårløk, kapers, oliven, tomat, pepper og agurk, og skjær York-skinken i små biter.

Kombiner alle ingrediensene med risen og dress med den rosa sausen.

TRIKS

Du kan også legge til hermetisert tunfisk, osteterninger, piquillo-pepper i strimler osv.

BLANDET SALAT

INGREDIENSER

100 **g tunfisk**

20 **oliven med hull**

4 **hermetiske hvite asparges**

3 **kokte egg**

2 **tomater**

1 **romansalat**

1 **revet gulrot**

1 **løk**

Eddik

Oliven olje

Salt

UTDYPNING

Vask, desinfiser og skjær salaten i mellomstore biter. Vask og skjær tomatene i åttedeler, og skjær eggene i skiver.

Lag en vinaigrette med 3 deler olje til 1 del eddik med en klype salt.

Legg salaten i bunnen av en salatbolle og legg resten av ingrediensene oppå. Smak til med vinaigretten.

TRIKS

Når salaten er vasket, legg bladene i isvann. Dette gjør at de holder seg grønnere og veldig sprø.

VARM PIPIRRANA SALAT MED BLEKKSKIPPE

INGREDIENSER

12 rene babyblekkspruter

1 stor italiensk grønn paprika

2 fedd hvitløk

2 tomater

1 løk

1 agurk

9 ss olivenolje

3 ss eddik

Salt

UTDYPNING

Rens grønnsakene og skjær dem i mellomstore biter. Skrell agurkene og skjær dem i samme størrelse.

Lag en vinaigrette ved å blande olje, eddik og salt. Kle salaten med vinaigretten og rør.

Varm opp en stekepanne med litt olje, brun blekksprutungen i 30 sekunder på hver side, tilsett salt og tilsett pipirrana i stekepannen. Varm opp litt og server varm.

TRIKS

Ikke overopphete pipirranaen, da eddiken vil fordampe og smaken vil gå tapt.

CAPRESESALAT

INGREDIENSER

1 kg tomater

250 g mozzarellaost

½ haug fersk basilikum

Modena-reduksjon (valgfritt)

virgin olivenolje

Salt

UTDYPNING

Knus den ferske basilikumen med litt olje. Skjær tomater og mozzarella i skiver, og legg dem på en tallerken.

Smak til med basilikumoljen, salt og en Modena-reduksjon om ønskelig.

TRIKS

Basilikumolje kan erstatte en fantastisk pestosalsa.

RUSSISK SALAT

INGREDIENSER

1 **kg poteter**

400 **g gulrøtter**

250 **g erter**

400 **g tunfisk i olje**

4 **kokte egg**

1 **piquillo pepper**

grønne oliven

majones

Salt

UTDYPNING

Skrell og skjær poteter og gulrøtter i mellomstore biter. Kok dem i forskjellige beholdere over svak varme slik at de ikke går i stykker. Kok ertene separat uten lokk slik at de ikke blir grå. Frisk opp grønnsakene og la avkjøles.

Ha tunfisken, eggene, olivenene og den kuttede pepperen i en salatskål. Tilsett poteter, gulrøtter og erter. Salt, saus med majones etter smak og rør. Avkjøl til servering.

TRIKS

Bland majonesen med kokte rødbeter og legg i salaten. Avhengig av mengden som brukes, vil salaten være rosa eller lilla, veldig slående og med en lett rødbetsmak.

HVIT BØNNESALAT MED BACON OG APPELSIN

INGREDIENSER

200 g kokte hvite bønner

200 g bacon

2 appelsiner

1 vårløk

1 ss sennep

2 ss eddik

9 ss olivenolje

Salt og pepper

UTDYPNING

Skjær baconet i strimler og brun det i litt olje. Reservere.

Skjær løken i fin julienne. Vask bønnene godt. Fjern segmenter fra appelsinene og rengjør det hvitaktige skallet som dekker dem.

Lag en vinaigrette med olje, eddik og sennep.

Bland alle ingrediensene med vinaigretten og smak til.

TRIKS

Den syltede rapphønen er et perfekt tilbehør til denne salaten.

KYLLINGTROMMER MED WHISKY

INGREDIENSER

12 kyllinglår

200 ml krem

150 ml whisky

100 ml kyllingbuljong

3 eggeplommer

1 vårløk

Mel

Oliven olje

Salt og pepper

UTDYPNING

Krydre, mel og brun kyllinglårene. Trekk tilbake og reserver.

Surr den finhakkede vårløken i samme olje i 5 min. Tilsett whiskyen og flambér (avtrekkshetten må være av). Hell i fløte og buljong. Tilsett kyllingen igjen og stek i 20 min på svak varme.

Ta av varmen, tilsett eggeplommene og rør forsiktig slik at sausen tykner litt. Smak til med salt og pepper om nødvendig.

TRIKS

Whisky kan erstatte den alkoholholdige drikken vi liker best

Stekt AND

INGREDIENSER

1 ren and

1 liter kyllingbuljong

4 dl soyasaus

3 ss honning

2 fedd hvitløk

1 liten løk

1 kajennepeper

fersk ingefær

Oliven olje

Salt og pepper

UTDYPNING

I en bolle blander du kyllingbuljongen, soyabønner, revet hvitløk, finhakket cayennepepper og løk, honning, en bit revet ingefær og pepper. Mariner anda i denne blandingen i 1 time.

Fjern fra maserasjonen og legg på et stekebrett med halvparten av væsken fra maserasjonen. Grill ved 200 °C i 10 min på hver side. Konstant fuktig med en børste.

Senk ovnen til 180 °C og stek i 18 minutter til på hver side (fortsett å male hvert 5. minutt med en pensel).

Fjern og behold anda, og reduser sausen til det halve i en kjele på middels varme.

TRIKS

Stek fuglene med brystene nede i starten, dette vil gjøre dem mindre tørre og saftigere.

VILLAROY KYLLINGBRYST

INGREDIENSER

1 kg kyllingbryst

2 gulrøtter

2 stangselleri

1 løk

1 purre

1 kålrot

Mel, egg og brødsmuler (til belegg)

for besamel

1 liter melk

100 g smør

100 g mel

malt muskatnøtt

Salt og pepper

UTDYPNING

Kok alle de rene grønnsakene i 2 l vann (fra kaldt) i 45 min.

I mellomtiden lager du en bechamelsaus ved å sautere melet i smøret på middels lav varme i 5 min. Tilsett så melken og rør. Krydre og tilsett muskatnøtten. Kok i 10 minutter på lav varme uten å slutte å piske.

Sil av buljongen og stek brystene (hele eller fileterte) i den i 15 min. Fjern og la dem avkjøles. Saus brystene godt med bechamelsausen og oppbevar i kjøleskapet. Når det er avkjølt, strø i mel, deretter i egg og til slutt i brødsmuler. Stek i rikelig med olje og server varm.

TRIKS

Du kan dra nytte av buljongen og de knuste grønnsakene til å lage en utsøkt krem.

KYLLINGBRYST MED SENNEPS OG SITRONSAUS

INGREDIENSER

4 kyllingbryst

250 ml krem

3 ss konjakk

3 ss sennep

1 ss mel

2 fedd hvitløk

1 sitron

½ vårløk

Oliven olje

Salt og pepper

UTDYPNING

Krydre og brun brystene skåret i vanlige biter med litt olje. Reservere.

Fres gressløk og finhakket hvitløk i samme olje. Tilsett melet og kok 1 min. Tilsett konjakken til den fordamper og hell i fløten, 3 ss sitronsaft og dens skall, sennep og salt. Kok sausen i 5 minutter.

Tilsett kyllingen igjen og stek på lav varme i 5 minutter til.

TRIKS

Riv sitronen først før du trekker ut saften. For å spare penger kan den også lages med hakket kylling i stedet for bryst.

Stekt GAUNETTE MED PLOMMER OG SOPP

INGREDIENSER

1 perlehøne

250 g sopp

200 ml port

¼ liter kyllingbuljong

15 utstenede plommer

1 fedd hvitløk

1 ts mel

Oliven olje

Salt og pepper

UTDYPNING

Salt og pepper og stek perlehønen sammen med plommene i 40 minutter ved 175 °C. Snu den halvveis i bakingen. Når tiden har gått, fjern og reserver juicen.

Surr 2 ss olje og melet i en kjele i 1 minutt. Bad med vinen og la den redusere til det halve. Fukt med saften av steken og med buljongen. Kok i 5 min uten å slutte å røre.

Surr soppen hver for seg med litt finhakket hvitløk, tilsett den i sausen og kok opp. Server perlehøna med sausen.

TRIKS

For spesielle anledninger kan du fylle perlehønen med eple, foie, kjøttdeig, nøtter.

 AVES

VILLAROY KYLLINGBRYST FYLLT MED KARAMELISERT PIQUILLO MED MODENA Eddik

INGREDIENSER

4 kyllingbrystfileter

100 g smør

100 g mel

1 liter melk

1 boks piquillo paprika

1 glass Modena eddik

½ glass sukker

Muskat

Egg og brødsmuler (til belegg)

Oliven olje

Salt og pepper

UTDYPNING

Stek smør og mel i 10 minutter på svak varme. Hell deretter i melken og kok i 20 minutter under konstant omrøring. Krydre og tilsett muskatnøtt. La avkjøles.

I mellomtiden karamelliserer du paprikaen med eddik og sukker til eddiken begynner (akkurat begynner) å tykne.

Krydre filetene med salt og pepper og fyll med piquillo pepper. Rull brystene i gjennomsiktig film som om de var veldig faste godterier, lukk og kok i 15 minutter i vann.

Når kokt, saus på alle sider med bechamel og dypp dem i sammenpisket egg og brødsmuler. Stek i rikelig med olje.

TRIKS

Hvis et par spiseskjeer karri tilsettes mens melet sauteres til bechamel, blir resultatet annerledes og veldig fyldig.

KYLLINGBRYST FYLLT MED BACON, SVAMP OG OST

INGREDIENSER

4 kyllingbrystfileter

100 g sopp

4 skiver røkt bacon

2 ss sennep

6 ss fløte

1 løk

1 fedd hvitløk

skivet ost

Oliven olje

Salt og pepper

UTDYPNING

Krydre kyllingfiletene. Rens og del soppen i kvarte.

Brun baconet og surr den hakkede soppen med hvitløken over høy varme.

Fyll filetene med bacon, ost og sopp, og lukk dem perfekt med gjennomsiktig film som om de var godteri. Kok i 10 min i kokende vann. Fjern filmen og fileten.

På den annen side, posjer løken kuttet i små biter, tilsett fløte og sennep, stek i 2 minutter og bland. Stek over kyllingen

TRIKS

Den gjennomsiktige filmen tåler høye temperaturer og tilfører ingen smak til maten.

SØT VINKYLLING MED PLOMMER

INGREDIENSER

1 stor kylling

100 g utstenede plommer

½ l kyllingbuljong

½ flaske søtvin

1 vårløk

2 gulrot

1 fedd hvitløk

1 ss mel

Oliven olje

Salt og pepper

UTDYPNING

Krydre og brun kyllingen kuttet i biter i en veldig varm kjele med olje. Ta ut og reserver.

I den samme oljen surrer du finhakket vårløk, hvitløk og gulrøtter. Når grønnsakene er godt posjert, tilsett melet og kok i ytterligere et minutt.

Bad med søtvinen og hev varmen til den er nesten helt redusert. Tilsett buljongen og tilsett kyllingen og plommene igjen.

Stek i ca 15 minutter eller til kyllingen er mør. Fjern kyllingen og bland sausen. Sett den til saltpunktet.

TRIKS

Tilsetter du litt kaldt smør i den knuste sausen og pisker med en visp, får du mer tykkelse og glans.

ORANSJE KYLLINGBRYST MED CASHEWNØTTER

INGREDIENSER

4 kyllingbryst

75 g cashewnøtter

2 glass naturlig appelsinjuice

4 ss honning

2 ss Cointreau

Mel

Oliven olje

Salt og pepper

UTDYPNING

Krydre og mel brystene. Brun dem i rikelig med olje, fjern og reserver.

Kok appelsinjuicen med Cointreau og honning i 5 minutter. Tilsett brystene i sausen og stek på svak varme i 8 min.

Server med sausen og cashewnøtter på toppen.

TRIKS

En annen måte å lage en god appelsinsaus på er å starte med karameller som ikke er veldig mørke som tilsettes naturlig appelsinjuice.

SYLTET RØP

INGREDIENSER

4 rapphøns

300 g løk

200 g gulrøtter

2 glass hvitvin

1 hode hvitløk

1 laurbærblad

1 glass eddik

1 glass olje

Salt og 10 pepperkorn

UTDYPNING

Krydre og brun rapphønsene på høy varme. Trekk tilbake og reserver.

I den samme oljen steker du de julienerte gulrøttene og løkene. Når grønnsakene er myke, tilsett vin, eddik, pepperkorn, salt, hvitløk og laurbærblad. Stek i 10 min.

Sett rapphønen tilbake i og stek på svak varme i ytterligere 10 minutter.

TRIKS

For at syltet kjøtt eller fisk skal ha mer smak, er det bedre at de hviler i minst 24 timer.

CACCIATORE KYLLING

INGREDIENSER

1 hakket kylling

50 g oppskåret sopp

½ l kyllingbuljong

1 glass hvitvin

4 revne tomater

2 gulrøtter

2 fedd hvitløk

1 purre

½ løk

1 bukett aromatiske urter (timian, rosmarin, laurbærblad...)

Oliven olje

Salt og pepper

UTDYPNING

Krydre og brun kyllingen i en veldig varm kjele med en klatt olje. Ta ut og reserver.

Fres gulrøtter, hvitløk, purre og løk kuttet i små biter i samme olje. Tilsett deretter revet tomat. Stek til tomaten mister vannet. Legg kyllingen tilbake.

Sauter soppen hver for seg og tilsett den også i lapskausen. Bad med glasset vin og la det redusere.

Fukt med buljongen og tilsett de aromatiske urtene. Kok til kyllingen er mør. Rett opp salt.

TRIKS

Denne retten kan også lages med kalkun og til og med kanin.

COCA COLA STIL KYLLINGVINGER

INGREDIENSER

1 kg kyllingvinger

½ liter Coca-Cola

4 ss brunt sukker

2 ss soyasaus

1 jevn spiseskje oregano

½ sitron

Salt og pepper

UTDYPNING

Hell Coca-Cola, sukker, soya, oregano og saften av ½ sitron i en kjele og kok i 2 min.

Skjær vingene i to og krydre dem. Stek dem ved 160 °C til de har fått litt farge. Tilsett deretter halvparten av sausen og vend vingene. Snu dem rundt hvert 20. min.

Når sausen er nesten redusert, tilsett den andre halvparten og fortsett å steke til sausen er tykk.

TRIKS

Å tilsette en vaniljekvist mens du lager sausen forsterker smaken og gir den et særegent preg.

HVITLØKSKYLLING

INGREDIENSER

1 hakket kylling

8 fedd hvitløk

1 glass hvitvin

1 ss mel

1 kajennepeper

Eddik

Oliven olje

Salt og pepper

UTDYPNING

Krydre kyllingen og brun den godt. Reserver og la oljen temperere.

Hakk hvitløksfeddene i terninger og confiter (kok i olje, ikke stek) hvitløk og kajennepepper uten å få farge.

Bad med vinen og la den redusere til den har en viss tykkelse, men ikke er tørr.

Tilsett så kyllingen og litt etter litt teskjeen med mel på toppen. Rør (sjekk om hvitløken fester seg til kyllingen; hvis ikke, tilsett litt mer mel til det fester seg litt).

Dekk til og rør av og til. Kok i 20 minutter på lav varme. Avslutt med en skvett eddik og stek i 1 minutt til.

TRIKS

Kyllingrøre er viktig. Den må over veldig høy varme slik at den holder seg gyllen på utsiden og saftig på innsiden.

KYLLING AL CHILINDRON

INGREDIENSER

1 liten hakket kylling

350 g hakket Serranoskinke

1 boks med 800 g knust tomat

1 stor rød paprika

1 stor grønn paprika

1 stor løk

2 fedd hvitløk

Timian

1 glass hvit eller rødvin

Sukker

Oliven olje

Salt og pepper

UTDYPNING

Krydre kyllingen og stek på høy varme. Ta ut og reserver.

I den samme oljen steker du paprika, hvitløk og løk kuttet i mellomstore biter. Når grønnsakene er godt brune, tilsett skinken og stek i ytterligere 10 minutter.

Legg kyllingen tilbake i og bad med vinen. La det redusere over høy varme i 5 minutter og tilsett tomat og timian. Senk varmen og kok i ytterligere 30 min. Rett opp salt og sukker.

TRIKS

Den samme oppskriften kan lages med kjøttboller. Det blir ingenting igjen på tallerkenen!

SYLTET VEKTEL OG RØDE FRUKTER

INGREDIENSER

4 vaktler

150 g rød frukt

1 glass eddik

2 glass hvitvin

1 gulrot

1 purre

1 fedd hvitløk

1 laurbærblad

Mel

1 glass olje

Salt og pepperkorn

UTDYPNING

Mel, krydre og brun vaktlene i en gryte. Ta ut og reserver.

Fres gulrot og purre skåret i staver i samme olje, og skivet hvitløk. Når grønnsakene er myke, tilsett olje, eddik og vin.

Tilsett laurbærblad og pepper. Smak til med salt og kok i 10 min sammen med de røde fruktene.

Tilsett vaktlene og posjer i 10 minutter til de er møre. La stå tildekket av varmen.

TRIKS

Denne marinaden sammen med vaktekjøttet er en herlig dressing og tilbehør til en god salatsalat.

SIMONKYLLING

INGREDIENSER

1 kylling

30 g sukker

25 g smør

1 liter kyllingbuljong

1 dl hvitvin

Saft av 3 sitroner

1 løk

1 purre

Oliven olje

Salt og pepper

UTDYPNING

Hakk og krydre kyllingen. Brun over høy varme og fjern.

Skrell løken og rens purren, og skjær dem i juliennestrimler. Surr grønnsakene i samme olje der kyllingen er laget. Bad med vinen og la den redusere.

Tilsett saften av sitronene, sukkeret og buljongen. Stek i 5 min og legg kyllingen inn igjen. Kok på lav varme i ytterligere 30 min. Rett opp salt og pepper.

TRIKS

For at sausen skal bli finere og uten biter av grønnsaker, er det bedre å knuse den.

SAN JACOBO KYLLING MED SERRANO SKINKE, TORTA DEL CASAR OG ARUCULA

INGREDIENSER

8 tynne kyllingfileter

150 g bryllupskake

100 g rakett

4 skiver serranoskinke

Mel, egg og frokostblandinger (til belegg)

Oliven olje

Salt og pepper

UTDYPNING

Krydre kyllingfiletene og fordel dem med osten. Legg ruccola og serranoskinke på en av dem og legg en annen på toppen for å lukke den. Gjør det samme med resten.

Før dem gjennom mel, sammenpisket egg og knuste frokostblandinger. Stek i rikelig varm olje i 3 min.

TRIKS

Den kan dekkes med knust popcorn, med kikos og til og med med små ormer. Resultatet er veldig morsomt.

BAKT KYLLINGKARRI

INGREDIENSER

4 kyllingramper (per person)

1 liter fløte

1 gressløk eller løk

2 ss karri

4 naturell yoghurt

Salt

UTDYPNING

Skjær løken i små biter og bland den i en bolle med yoghurt, fløte og karri. Smak til med salt.

Skjær noen kutt i kyllingen og mariner den i yoghurtsausen i 24 timer.

Stek ved 180 °C i 90 min, ta ut kyllingen og server med den piskede sausen.

TRIKS

Blir det rester av saus, kan den brukes til å lage deilige kjøttboller.

KYLLING I RØDVIN

INGREDIENSER

1 hakket kylling

½ liter rødvin

1 kvist rosmarin

1 kvist timian

2 fedd hvitløk

2 purre

1 rød paprika

1 gulrot

1 løk

Kyllingsuppe

Mel

Oliven olje

Salt og pepper

UTDYPNING

Krydre og brun kyllingen i en veldig varm gryte. Ta ut og reserver.

Skjær grønnsakene i små biter og stek dem i samme olje der kyllingen ble stekt.

Bad med vinen, tilsett de aromatiske urtene og kok i ca 10 minutter på høy varme til den er redusert. Bland inn kyllingen igjen og våt med buljong til den er dekket. Stek i ytterligere 20 minutter eller til kjøttet er mørt.

TRIKS

Ønsker du en finere saus uten biter, bland og sil sausen.

STEKT KYLLING MED SVART ØL

INGREDIENSER

4 kyllingstumper

750 ml kraftig

1 ss spisskummen

1 kvist timian

1 kvist rosmarin

2 løk

3 fedd hvitløk

1 gulrot

Salt og pepper

UTDYPNING

Skjær løk, gulrøtter og hvitløk i julienne strimler. Legg timian og rosmarin på bunnen av en bakeplate og legg løk, gulrøtter og hvitløk på toppen; og deretter kyllingremmene med skinnsiden ned krydret og drysset med spisskummen. Stek ved 175 °C i ca 45 min.

Fukt med ølet etter 30 min, snu bakene og stek ytterligere 45 min. Når kyllingen er stekt, fjern fra brettet og bland sausen.

TRIKS

Hvis 2 epler i skiver legges i midten av steken og moses sammen med resten av sausen, blir smaken enda bedre.

SJOKOLADEGÅP

INGREDIENSER

4 rapphøns

½ l kyllingbuljong

½ glass rødvin

1 kvist rosmarin

1 kvist timian

1 vårløk

1 gulrot

1 fedd hvitløk

1 revet tomat

Sjokolade

Oliven olje

Salt og pepper

UTDYPNING

Krydre og brun rapphønsene. Reservere.

Surr finhakket gulrot, hvitløk og vårløk i samme olje på middels varme. Hev varmen og tilsett tomaten. Kok til du mister vannet. Bad med vinen og la den redusere nesten helt.

Tilsett buljongen og tilsett urtene. Kok på lav varme til rapphønsene er møre. Rett opp salt. Fjern fra varmen og tilsett sjokolade etter smak. Fjerne.

TRIKS

For å gi retten et krydret preg kan du tilsette en cayennepepper, og vil du ha den sprø, tilsett ristede hasselnøtter eller mandler.

Stekt kalkunfjerte med rød fruktsaus

INGREDIENSER

4 kalkunrumper

250 g rød frukt

½ l cava

1 kvist timian

1 kvist rosmarin

3 fedd hvitløk

2 purre

1 gulrot

Oliven olje

Salt og pepper

UTDYPNING

Rens og julienne kutte purre, gulrøtter og hvitløk. Legg denne grønnsaken på et stekebrett sammen med timian, rosmarin og røde frukter.

Legg kalkunkvartene på toppen, krydret med en klatt olje og skinnsiden ned. Stek ved 175 °C i 1 time.

Bad med cava etter 30 min. Snu kjøttet og grill ytterligere 45 min. Når tiden har gått, fjern fra brettet. Mal, sil og rett opp saltet av sausen.

TRIKS

Kalkunen vil være ferdig når låret og låret løsner lett.

STEKT KYLLING MED FERSKENSAUS

INGREDIENSER

4 kyllingstumper

½ liter hvitvin

1 kvist timian

1 kvist rosmarin

3 fedd hvitløk

2 fersken

2 løk

1 gulrot

Oliven olje

Salt og pepper

UTDYPNING

Skjær løk, gulrøtter og hvitløk i julienne strimler. Skrell ferskenene, del dem i to og fjern steinen.

Legg timian og rosmarin sammen med gulrot, løk og hvitløk i bunnen av et stekebrett. Legg den peprede baken på toppen med en klatt olje, med skinnsiden ned, og stek ved 175°C i ca. 45 min.

Etter 30 min, bad med hvitvinen, snu dem og stek i ytterligere 45 min. Når kyllingen er stekt, fjern fra brettet og bland sausen.

TRIKS

Epler eller pærer kan legges til steken. Sausen vil smake godt.

KYLLINGFILET FYLLT MED SPINAAT OG MOZARELLA

INGREDIENSER

8 tynne kyllingfileter

200 g fersk spinat

150 g mozzarella

8 basilikumblader

1 ts malt spisskummen

Mel, egg og brødsmuler (til belegg)

Oliven olje

Salt og pepper

UTDYPNING

Krydre brystene på begge sider. Legg spinaten på toppen, osten knust i biter og hakket basilikum, og dekk med en annen filet. Ha gjennom mel, sammenpisket egg og en blanding av brødsmuler og spisskummen.

Stek et par minutter på hver side og fjern overflødig olje på absorberende papir.

TRIKS

Det perfekte tilbehøret er en god tomatsaus. Denne retten kan lages med kalkun og til og med med fersk indrefilet.

STEKT KYLLING I CAVA

INGREDIENSER

4 kyllingstumper

1 flaske champagne

1 kvist timian

1 kvist rosmarin

3 fedd hvitløk

2 løk

Oliven olje

Salt og pepper

UTDYPNING

Skjær løk og hvitløk i juliana. Legg timian og rosmarin på bunnen av en bakeplate, og legg løk og hvitløk på toppen, og deretter pepperløken med skinnsiden ned. Stek ved 175 °C i ca 45 min.

Bad med cava etter 30 minutter, snu bakstykket og stek i ytterligere 45 minutter. Når kyllingen er stekt, fjern fra brettet og bland sausen.

TRIKS

En annen variabel i samme oppskrift er å gjøre det med lambrusco eller søtvin.

KYLLINGSPYDD MED PEANØTTSAUS

INGREDIENSER

600 g kyllingbryst

150 g peanøtter

500 ml kyllingbuljong

200 ml krem

3 ss soyasaus

3 ss honning

1 ss karri

1 cayenne svært hakket

1 ss limejuice

Oliven olje

Salt og pepper

UTDYPNING

Knus peanøttene veldig godt til de blir en pasta. Bland dem i en bolle sammen med limesaft, buljong, soya, honning, karri, salt og pepper. Skjær brystene i biter og mariner dem i denne blandingen over natten.

Ta ut kyllingen og legg den på spyd. Kok forrige blanding sammen med fløten på svak varme i 10 min.

Brun spydene i en panne på middels varme og server dem med sausen på toppen.

TRIKS

De kan lages med kyllingsneip. Men i stedet for å brune dem i en panne, stek dem i ovnen med sausen på toppen.

KYLLING I PEPITORIA

INGREDIENSER

1½ kg kylling

250 g løk

50 g ristede mandler

25 g stekt brød

½ l kyllingbuljong

¼ l god vin

2 fedd hvitløk

2 laurbærblader

2 hardkokte egg

1 ss mel

14 tråder safran

150 g olivenolje

Salt og pepper

UTDYPNING

Hakk og krydre kyllingen kuttet i biter. Gull og reserve.

Skjær løk og hvitløk i små biter, og stek dem i samme olje som kyllingen ble laget. Tilsett melet og kok på svak varme i 5 min. Bad med vinen og la den redusere.

Tilsett buljongen til saltpunktet og kok i ytterligere 15 minutter. Tilsett deretter den reserverte kyllingen sammen med laurbærbladene og kok til kyllingen er mør.

Rist safranen hver for seg og tilsett den i morteren sammen med det stekte brødet, mandlene og eggeplommene. Bank til du får en pasta og tilsett kyllinggryten. Kok ytterligere 5 min.

TRIKS

Det finnes ikke noe bedre tilbehør til denne oppskriften enn en god rispilaf. Den kan presenteres med de hakkede eggehvitene og litt finskåret persille på toppen.

ORANSJE KYLLING

INGREDIENSER

1 kylling

25 g smør

1 liter kyllingbuljong

1 dl rosévin

2 ss honning

1 kvist timian

2 gulrøtter

2 appelsiner

2 purre

Oliven olje

Salt og pepper

UTDYPNING

Krydre og brun den hakkede kyllingen over høy varme i olivenolje. Trekk tilbake og reserver.

Skrell og rens gulrøtter og purre og skjær dem i julienne-strimler. Stek i samme olje der kyllingen er brunet. Bad med vin og kok over høy varme til redusert.

Tilsett appelsinjuice, honning og buljong. Stek i 5 min og tilsett kyllingbitene igjen. Stek på lav varme i 30 min. Tilsett det kalde smøret og smak til med salt og pepper.

TRIKS

Du kan hoppe over en god håndfull nøtter og legge dem i lapskausen på slutten av stekingen.

STEVET KYLLING MED BOLETUS

INGREDIENSER

1 kylling

200 g serranoskinke

200 g boletus

50 g smør

600 ml kyllingbuljong

1 glass hvitvin

1 kvist timian

1 fedd hvitløk

1 gulrot

1 løk

1 tomat

Oliven olje

Salt og pepper

UTDYPNING

Hakk, krydre og brun kyllingen i smør og en klatt olje. Trekk tilbake og reserver.

I det samme fettet, stek løk, gulrot og hvitløk kuttet i små biter sammen med terninger av skinke. Hev varmen og tilsett den hakkede boletusen. Kok i 2 min, tilsett revet tomat og kok til den mister alt vannet.

Tilsett kyllingbitene igjen og bad med vinen. Reduser til sausen er nesten tørr. Fukt med buljongen og tilsett timian. La det småkoke i 25 minutter eller til kyllingen er mør. Rett opp salt.

TRIKS

Bruk sesongens sopp eller dehydrert.

SURERT KYLLING MED NØTTER OG SOYA

INGREDIENSER

3 kyllingbryst

70 g rosiner

30 g mandler

30 g cashewnøtter

30 g valnøtter

30 g hasselnøtter

1 glass kyllingbuljong

3 ss soyasaus

2 fedd hvitløk

1 kajennepeper

1 sitron

Ingefær

Oliven olje

Salt og pepper

UTDYPNING

Hakk brystene, krydre dem og brun dem i en stekepanne på høy varme. Trekk tilbake og reserver.

I den oljen surrer du nøttene sammen med revet hvitløk, et stykke ingefær også revet, cayennepepper og sitronskall.

Tilsett rosinene, de reserverte brystene og soyabønner. Reduser i 1 min og bad med buljongen. Kok i 6 minutter til på middels varme og smak til med salt om nødvendig.

TRIKS

Det vil praktisk talt ikke være nødvendig å bruke salt siden det nesten utelukkende kommer fra soyabønner.

SJOKOLADEKYLLING MED RISTET ALMEDRAS

INGREDIENSER

1 kylling

60 g revet mørk sjokolade

1 glass rødvin

1 kvist timian

1 kvist rosmarin

1 laurbærblad

2 gulrøtter

2 fedd hvitløk

1 løk

Kyllingbuljong (eller vann)

Ristede mandler

Ekstra virgin olivenolje

Salt og pepper

UTDYPNING

Hakk, krydre og brun kyllingen i en veldig varm kjele. Trekk tilbake og reserver.

I den samme oljen steker du løk, gulrøtter og hvitløksfedd kuttet i små biter på lav varme.

Tilsett laurbærbladet og kvistene av timian og rosmarin. Hell i vin og buljong, og kok på svak varme i 40 min. Rett opp salt og fjern kyllingen.

Ha sausen gjennom en blender og legg den tilbake i kjelen. Tilsett kylling og sjokolade og rør til sjokoladen løser seg opp. Kok i 5 minutter til for å blande smakene.

TRIKS

Avslutt med ristede mandler på toppen. Hvis du legger til en cayenne eller chili gir det et krydret preg.

LAMMESPYD MED PAPRIKA OG SENNEPSVINAIGRETTE

INGREDIENSER

350 g lam

2 ss eddik

1 jevn spiseskje paprika

1 jevn spiseskje sennep

1 jevn spiseskje sukker

1 brett cherrytomater

1 grønn paprika

1 rød paprika

1 liten vårløk

1 løk

5 ss olivenolje

Salt og pepper

UTDYPNING

Rens og skjær grønnsakene, unntatt vårløken, i mellomstore firkanter. Skjær lammet i terninger av samme størrelse. Sett sammen spydene, sett inn et kjøttstykke og et stykke grønnsaker. Årstid. Brun dem i en veldig varm stekepanne med litt olje i 1-2 minutter på hver side.

Bland hver for seg sennep, paprika, sukker, olje, eddik og gressløk kuttet i små biter i en bolle. Smak til med salt og emulger.

Server de nylagde spydene med litt paprikasaus.

TRIKS

Du kan også tilsette 1 ss karri og litt sitronskall i vinaigretten.

FYLLT KALVFINNE MED PORTVIN

INGREDIENSER

1 kg kalvefinne (åpne i boken for å fylle)

350 g hakket svinekjøtt

1 kg gulrøtter

1 kg løk

100 g pinjekjerner

1 liten boks piquillo paprika

1 boks svarte oliven

1 pakke bacon

1 hode hvitløk

2 laurbærblader

portvin

Kjøttbuljong

Oliven olje

Salt og pepperkorn

UTDYPNING

Krydre finnen på begge sider. Fyll med svinekjøttet, pinjekjernene, oppkuttet paprika, oliven skåret i kvarte og bacon skåret i strimler. Rull sammen og legg i et nett eller knyt med hodelagstråd. Brun over veldig høy varme, ta ut og reserver.

Skjær gulrøtter, løk og hvitløk i brunoise, og brun dem i samme olje som kalvekjøttet ble stekt i. Sett finnen på igjen. Bad med en skvett portvin og kjøttbuljong til alt er dekket. Tilsett 8 pepperkorn og laurbærbladene. Kok tildekket på lav varme i 40 min. Snu hvert 10. min. Når kjøttet er mykt, fjern og bland sausen.

TRIKS

Portvinen kan erstattes med annen vin eller champagne.

KJØTTBALLER TIL MADRILEÑA

INGREDIENSER

1 kg kjøttdeig

500 g hakket svinekjøtt

500 g modne tomater

150 g løk

100 g sopp

1 l kjøttkraft (eller vann)

2 dl hvitvin

2 ss fersk persille

2 ss brødsmuler

1 ss mel

3 fedd hvitløk

2 gulrøtter

1 laurbærblad

1 egg

Sukker

Oliven olje

Salt og pepper

UTDYPNING

Bland de to kjøttene med hakket persille, 2 hvitløksfedd i terninger, brødsmulene, egget, salt og pepper. Lag kuler og brun dem i en ildfast form. Ta ut og reserver.

I samme olje surr du løken med den andre hvitløken, tilsett melet og fres. Tilsett tomatene og posjer ytterligere 5 min. Bad med vin og kok i 10 minutter til. Tilsett buljongen og fortsett å koke i ytterligere 5 min. Knus og rett opp salt og sukker. Stek kjøttbollene i sausen i 10 minutter sammen med laurbærbladet.

Rens, skrell og del gulrøtter og sopp hver for seg. Surr dem med litt olje i 2 min og legg dem i kjøttbollestuingen.

TRIKS

For å gjøre kjøttbolleblandingen mer smakfull, tilsett 150 g hakket fersk iberisk bacon. Det er best å ikke trykke for mye når du lager kulene slik at de blir mer saftige.

OKSEKINN MED SJOKOLADE

INGREDIENSER

8 biffkinn

½ liter rødvin

6 gram sjokolade

2 fedd hvitløk

2 tomater

2 purre

1 stilk selleri

1 gulrot

1 løk

1 kvist rosmarin

1 kvist timian

Mel

Kjøttbuljong (eller vann)

Oliven olje

Salt og pepper

UTDYPNING

Krydre og brun kinnene i en veldig varm gryte. Ta ut og reserver.

Skjær grønnsakene i brunoise og surr dem i samme gryte der kinnene ble stekt.

Når grønnsakene er myke, tilsett revne tomater og kok til alt vannet er tapt. Tilsett vinen, de aromatiske urtene og la det redusere i 5 min. Tilsett kinnene og kjøttbuljongen til de er dekket.

Kok til kinnene er veldig møre, tilsett sjokolade etter smak, rør rundt og smak til med salt og pepper.

TRIKS

Sausen kan rives i stykker eller stå sammen med hele grønnsaksbitene.

PIERKE AV GRISEKONFIT MED SØT VINSUS

INGREDIENSER

½ hakket pattegris

1 glass søt vin

2 kvister rosmarin

2 kvister timian

4 fedd hvitløk

1 liten gulrot

1 liten løk

1 tomat

mild olivenolje

grovt salt

UTDYPNING

Fordel pattegrisen på et brett og salt på begge sider. Tilsett knust hvitløk og aromatene. Dekk til med olje og stek ved 100 °C i 5 timer. La den deretter bli varm og utbein, og fjern kjøttet og skinnet.

Legg bakepapir på et stekebrett. Del opp pattegrisekjøttet og legg skinnet til pattegrisen oppå (det må være minst 2 fingre høyt). Legg et annet bakepapir og oppbevar i kjøleskapet med litt vekt på toppen.

Lag en mørk buljong i mellomtiden. Skjær bein og grønnsaker i mellomstore biter. Rist beinene ved 185 °C i 35 minutter, tilsett grønnsakene på sidene og stek i ytterligere 25 minutter. Ta ut av ovnen og bad med vinen. Ha alt i en kjele og dekk med kaldt vann. Kok i 2 timer på svært lav varme. Sil og sett tilbake til varmen til den tykner litt. Avfett.

Skjær kaken i porsjoner og brun i varm panne på skinnsiden til den er sprø. Stek i 3 minutter ved 180°C.

TRIKS

Det er en mer arbeidskrevende rett enn vanskelig, men resultatet er spektakulært. Det eneste trikset for at det ikke skal skjemmes til slutt er å servere sausen på siden av kjøttet og ikke på toppen.

KANIN TIL MARC

INGREDIENSER

1 kanin hakket

80 g mandler

1 liter kyllingbuljong

400 ml avfall

200 ml krem

1 kvist rosmarin

1 kvist timian

2 løk

2 fedd hvitløk

1 gulrot

10 safran tråder

Salt og pepper

UTDYPNING

Hakk, krydre og brun kaninen. Trekk tilbake og reserver.

Fres gulrot, løk og hvitløk skåret i små biter i samme olje. Tilsett safran og mandler, og kok i 1 min.

Hev varmen og bad med avfallet. flambert Tilsett kaninen igjen og væt med buljongen. Tilsett timian og rosmarinkvistene.

Kok i ca 30 minutter til kaninen er mør og tilsett fløten. Kok i 5 minutter til og smak til med salt.

TRIKS

Å flambere er å brenne alkoholen til en brennevin. Når du gjør det, må du være forsiktig med å ha avtrekkshetten slått av.

KJØTTBALLER I PEPITORIA HASSELNØTTSAUS

INGREDIENSER

750 g kjøttdeig

750 g hakket svinekjøtt

250 g løk

60 g hasselnøtter

25 g stekt brød

½ l kyllingbuljong

¼ liter hvitvin

10 safran tråder

2 ss fersk persille

2 ss brødsmuler

4 fedd hvitløk

2 hardkokte egg

1 ferskt egg

2 laurbærblader

150 g olivenolje

Salt og pepper

UTDYPNING

Bland kjøttet, hakket persille, hvitløk i terninger, brødsmuler, egg, salt og pepper i en bolle. Mel og brun i en kjele på middels høy varme. Trekk tilbake og reserver.

I den samme oljen surrer du løken og de andre 2 hvitløksfeddene kuttet i små terninger på lav varme. Bad med vinen og la den redusere. Tilsett buljongen og kok i 15 min. Tilsett kjøttbollene i sausen sammen med laurbærbladene og stek videre i 15 minutter.

Rist safranen hver for seg og knus den i en morter sammen med det stekte brødet, hasselnøttene og eggeplommene til du får en homogen pasta. Tilsett i lapskausen og kok videre i 5 min.

TRIKS

Server med hakkede eggehviter på toppen og litt persille.

KALVØL MED SVART ØL

INGREDIENSER

4 biff biff

125 g shiitake-sopp

1/3 liter mørkt øl

1 dl kjøttbuljong

1dl fløte

1 gulrot

1 vårløk

1 tomat

1 kvist timian

1 kvist rosmarin

Mel

Oliven olje

Salt og pepper

UTDYPNING

Krydre og mel filetene. Brun dem lett i en panne med litt olje. Ta ut og reserver.

Surr vårløk og gulrot i terninger i samme olje. Når de er posjert, tilsett revet tomat og kok til sausen er nesten tørr.

Bad med ølet, la alkoholen fordampe i 5 min på middels varme og tilsett buljong, urter og fileter. Kok i 15 minutter eller til de er møre.

Surr den fileterte soppen hver for seg over høy varme og tilsett den i lapskausen. Rett opp salt.

TRIKS

Filetene bør ikke overstekes, ellers blir de veldig seige.

TRIPES A LA MADRILEÑA

INGREDIENSER

1 kg ren innmat

2 grisetravere

25 g mel

1 dl eddik

2 ss paprika

2 laurbærblader

2 løk (1 av dem pigget)

1 hode hvitløk

1 chili

2 dl olivenolje

20 g salt

UTDYPNING

Blancher innmat og grisetraver i en kjele med kaldt vann. Kok i 5 min når det har begynt å koke.

Tøm og erstatt med rent vann. Tilsett piggløken, chilien, hvitløkshodet og laurbærbladene. Tilsett mer vann om nødvendig slik at det er godt dekket og kok over svak varme og dekket i 4 timer eller til traver og innmat er møre.

Når innmaten er ferdig, fjerner du pigget løk, laurbærblad og chili. Fjern også traverne, bein dem ut og skjær dem i biter som ligner på størrelsen på innmaten. Legg den tilbake i gryten.

Stek den andre løken i brunoise hver for seg, tilsett paprika og 1 ss mel. Når posjert, legg til lapskausen. Kok i 5 min, smak til med salt og tykk eventuelt.

TRIKS

Denne oppskriften får mer smak hvis den tilberedes en dag eller to i forveien. Du kan også legge til noen kokte kikerter og få en tallerken med førsteklasses belgfrukter.

Stekt SVINELAM MED EPLE OG MYNTE

INGREDIENSER

800 g fersk svinekam

500 g epler

60 g sukker

1 glass hvitvin

1 glass konjakk

10 mynteblader

1 laurbærblad

1 stor løk

1 gulrot

Oliven olje

Salt og pepper

UTDYPNING

Krydre lenden med salt og pepper og brun den over høy varme. Trekk tilbake og reserver.

Stek ren og finhakket løk og gulrot i den oljen. Skrell og kjerne eplene.

Ha alt over på et stekebrett, bad med alkohol og tilsett laurbærbladet. Stek ved 185°C i 90 min.

Fjern epler og grønnsaker, og bland dem med sukker og mynte. Filet lend og saus med bakesaften og følg med eplekompotten.

TRIKS

Tilsett litt vann på brettet under stekingen for å unngå at lenden blir tørr.

KYLLINGKJØTTBALLER MED BRINGEBÆRSAUS

INGREDIENSER

Til kjøttbollene

1 kg hakket kyllingkjøtt

1 dl melk

2 ss brødsmuler

2 egg

1 fedd hvitløk

sherryvin

Mel

Hakket persille

Oliven olje

Salt og pepper

Til bringebærsausen

200 g bringebærsyltetøy

½ l kyllingbuljong

1 ½ dl hvitvin

½ dl soyasaus

1 tomat

2 gulrøtter

1 fedd hvitløk

1 løk

Salt

UTDYPNING

Til kjøttbollene

Bland kjøttet med brødsmuler, melk, egg, finhakket hvitløksfedd, persille og en skvett vin. Smak til med salt og pepper og la den hvile i 15 min.

Form små kuler med blandingen og før dem gjennom mel. Brun i olje og prøver å la noe rå være inni. Reserver oljen.

Til den søte og sure bringebærsausen

Skrell og kutt løk, hvitløk og gulrøtter i små terninger. Fres i samme olje der kjøttbollene er brunet. Smak til med en klype salt. Tilsett den hakkede tomaten uten skinn eller frø og posjer til vannet fordamper.

Bad med vin og kok til halvparten. Tilsett soyasaus og buljong og kok i ytterligere 20 minutter til sausen er tykk. Tilsett syltetøyet og kjøttbollene, og kok alt sammen i ytterligere 10 min.

TRIKS

Bringebærsyltetøyet kan erstattes med en annen rød frukt og til og med med syltetøy.

LAMMESTUING

INGREDIENSER

1 lammelår

1 stort glass rødvin

½ kopp knust tomat (eller 2 revne tomater)

1 ss søt paprika

2 store poteter

1 grønn paprika

1 rød paprika

1 løk

Kjøttbuljong (eller vann)

Oliven olje

Salt og pepper

UTDYPNING

Hakk, krydre og brun benet i en veldig varm kjele. Ta ut og reserver.

Stek paprika og løk i terninger i den samme oljen. Når grønnsakene er godt sautert tilsetter du spiseskjeen med paprika og tomaten. Fortsett å koke over høy varme til tomaten mister vannet. Tilsett så lammet igjen.

Bad med vinen og la den redusere. Dekk med kjøttbuljongen.

Tilsett cacheladapotetene (ikke kuttet) når lammet er mørt, og kok til potetene er ferdige. Rett opp salt og pepper.

TRIKS

For en enda deiligere saus, stek 4 piquillo-pepper og 1 hvitløksfedd hver for seg. Bland sammen med litt buljong fra lapskausen og tilsett i lapskausen.

HARE CIVET

INGREDIENSER

1 hare

250 g sopp

250 g gulrøtter

250 g løk

100 g bacon

¼ liter rødvin

3 ss tomatsaus

2 fedd hvitløk

2 kvister timian

2 laurbærblader

Kjøttbuljong (eller vann)

Oliven olje

Salt og pepper

UTDYPNING

Kutt haren og mariner den i 24 timer i gulrøtter, hvitløk og løk kuttet i små biter, vin, 1 timiankvist og 1 laurbærblad. Når tiden har gått, sil og reserver vinen på den ene siden og grønnsakene på den andre.

Krydre haren med salt og pepper, brun den over høy varme og fjern. Surr grønnsakene på middels lav varme i samme olje. Tilsett tomatsausen og fres i 3 min. Sett haren tilbake. Bad med vin og buljong til kjøttet er dekket. Tilsett den andre timiankvisten og det andre laurbærbladet. Kok til haren er myk.

I mellomtiden freser du strimlet bacon og sjampinjong i kvarte og tilsett lapskausen. Knus harens lever hver for seg i en morter og tilsett den også. Kok i ytterligere 10 min og smak til med salt og pepper.

TRIKS

Denne retten kan lages med hvilket som helst viltdyr og den blir bedre om den lages dagen før.

KANIN MED PIPERRADA

INGREDIENSER

1 kanin

2 store tomater

2 løk

1 grønn paprika

1 fedd hvitløk

Sukker

Oliven olje

Salt og pepper

UTDYPNING

Hakk, krydre og brun kaninen i en varm gryte. Trekk tilbake og reserver.

Skjær løk, paprika og hvitløk i små biter, og stek dem på svak varme i 15 minutter i samme olje som kaninen ble laget.

Tilsett tomatene kuttet i brunoise og kok på middels varme til de mister alt vannet. Rett opp salt og sukker om nødvendig.

Tilsett kaninen, senk varmen og kok i 15 eller 20 minutter med kjelen tildekket, rør fra tid til annen.

TRIKS

Zucchini eller aubergine kan legges til piperradaen.

KYLLINGKJØTTBALLER FYLLET MED OST MED KARRISUS

INGREDIENSER

500 g hakket kylling

150 g ost kuttet i terninger

100 g brødsmuler

200 ml krem

1 glass kyllingbuljong

2 ss karri

½ ss brødsmuler

30 rosiner

1 grønn paprika

1 gulrot

1 løk

1 egg

1 sitron

Melk

Mel

Oliven olje

Salt

UTDYPNING

Krydre kyllingen og bland med brødsmulene, egget, 1 ss karri og brødsmulene dynket i melk. Form kuler, fyll med en terning ost og passer gjennom mel. Stek og reserver.

Brun løk, pepper og gulrot skåret i små biter i samme olje. Tilsett sitronskall og kok i noen minutter. Tilsett den andre spiseskjeen karri, rosiner og kyllingbuljong. Tilsett fløten når det begynner å koke og kok i 20 min. Rett opp salt.

TRIKS

Et ideelt tilbehør til disse kjøttbollene er sopp kuttet i kvarte og sautert med et par fedd hvitløk kuttet i små biter og vasket ned med en god skvett Porto eller Pedro Ximénez-vin.

SVINEKINN I RØDVIN

INGREDIENSER

12 svinekinn

½ liter rødvin

2 fedd hvitløk

2 purre

1 rød paprika

1 gulrot

1 løk

Mel

Kjøttbuljong (eller vann)

Oliven olje

Salt og pepper

UTDYPNING

Krydre og brun kinnene i en veldig varm gryte. Ta ut og reserver.

Skjær grønnsakene i bronoise og stek dem i samme olje som svinekjøttet ble stekt i. Når de er godt posjerte, tilsett vinen og la den redusere i 5 min. Tilsett kinnene og kjøttbuljongen til de er dekket.

Kok til kinnene er veldig møre og bland sausen hvis du ikke vil ha grønnsaksbiter igjen.

TRIKS

Svinekinn tar mye mindre tid å lage enn biffkinn. En annen smak oppnås hvis til slutt en unse sjokolade tilsettes sausen.

SVINESILK NAVARRE

INGREDIENSER

2 hakkede lammelår

50 g smult

1 ts paprika

1 ss eddik

2 fedd hvitløk

1 løk

Oliven olje

Salt og pepper

UTDYPNING

Skjær lammeskankene i biter. Salt og pepper og brun over høy varme i en kjele. Ta ut og reserver.

Surr finhakket løk og hvitløk i samme olje i 8 min på svak varme. Tilsett paprikaen og fres i 5 sekunder til. Tilsett lammet og dekk til med vann.

Kok til sausen er redusert og kjøttet er mørt. Fukt med eddik og kok opp.

TRIKS

Den første bruningen er viktig da den forhindrer at juicen renner ut.
I tillegg gir den et knasende preg og fremhever smakene.

STEVET BØFF MED PEANØTTSAUS

INGREDIENSER

750 g blodpuddingkjøtt

250 g peanøtter

2 l kjøttbuljong

1 glass krem

½ glass konjakk

2 ss tomatsaus

1 kvist timian

1 kvist rosmarin

4 poteter

2 gulrøtter

1 løk

1 fedd hvitløk

Oliven olje

Salt og pepper

UTDYPNING

Hakk, krydre og brun blodpuddingen over høy varme. Ta ut og reserver.

Fres løk, hvitløk og gulrøtter skåret i små terninger over svak varme i samme olje. Øk varmen og tilsett tomatsausen. La den redusere til den mister alt vannet. Vann med konjakken og la alkoholen fordampe. Tilsett kjøttet igjen.

Mos peanøttene godt med buljongen og tilsett den i gryten sammen med de aromatiske urtene. Stek på lav varme til kjøttet er nesten mørt.

Tilsett så potetene, skrelt og kuttet i vanlige firkanter, og fløten. Kok i 10 min og smak til med salt og pepper. La den hvile 15 min før servering.

TRIKS

Denne kjøttretten kan ledsages av rispilaf (se avsnittet Ris og pasta).

STEKT GRIS

INGREDIENSER

1 pattegris

2 ss smult

Salt

UTDYPNING

For ørene og halen med aluminiumsfolie slik at de ikke brenner seg.

Legg 2 treskjeer på et stekebrett og plasser pattegrisen med forsiden opp, unngå at den berører bunnen av beholderen. Tilsett 2 ss vann og stek ved 180°C i 2 timer.

Løs opp saltet i 4 dl vann og mal innsiden av pattegrisen hvert 10. min. Etter en time, snu den og fortsett å male med vann og salt til tiden er ute.

Smelt smøret og mal skinnet. Hev ovnen til 200°C og stek i ytterligere 30 minutter eller til skinnet er gyllent og sprøtt.

TRIKS

Ikke saus med saften på toppen av skinnet; som ville få den til å miste knasen. Server sausen i bunnen av retten.

Stekt KNØKE MED KÅL

INGREDIENSER

4 knoker

½ kål

3 fedd hvitløk

Oliven olje

Salt og pepper

UTDYPNING

Dekk knokene med kokende vann og kok i 2 timer eller til de er helt møre.

Fjern fra vannet og stek dem med en klatt olje ved 220°C til de er gyldenbrune. Årstid.

Skjær kålen i tynne strimler. Kok i rikelig med kokende vann i 15 min. Avløp.

I mellomtiden bruner du den skivede hvitløken i litt olje, tilsett kålen og fres. Smak til med salt og pepper og server sammen med de stekte knokene.

TRIKS

Knokene kan også gjøres i en veldig varm panne. Brun dem godt på alle sider.

KANINKAKKIATOR

INGREDIENSER

1 kanin

300 g sopp

2 glass kyllingbuljong

1 glass hvitvin

1 kvist fersk timian

1 laurbærblad

2 fedd hvitløk

1 løk

1 tomat

Oliven olje

Salt og pepper

UTDYPNING

Hakk, krydre og brun kaninen på høy varme. Ta ut og reserver.

Fres løk og hvitløk kuttet i små biter over svak varme i samme olje i 5 min. Øk varmen og tilsett revet tomat. Kok til det ikke er vann igjen.

Kast kaninen inn igjen og bad med vinen. La det redusere og sausen er nesten tørr. Tilsett buljongen og kok sammen med de aromatiske urtene i 25 minutter eller til kjøttet er mørt.

I mellomtiden surrer du den rensede og oppskårne soppen i en varm panne i 2 min. Smak til med salt og tilsett dem i stuingen. Kok i 2 minutter til og smak til med salt om nødvendig.

TRIKS

Den samme oppskriften kan lages med kylling eller kalkunkjøtt.

www.ingramcontent.com/pod-product-compliance
Lightning Source LLC
Chambersburg PA
CBHW050354120526
44590CB00015B/1686